天才脳の作り方

灘中学をはじめ、
難関校に続々合格!
心と知性を育てる
驚異の
ピグマリオン・
メソッド

伊藤 恭
Kyo Ito

水王舎

はじめに
～豊かで深い愛情の中で天才脳は育まれる～

　母子分離という言葉があります。それは、子どもが親から離れても自分の力で最低限の肉体的な世話ができるとともに、親から離れていても不安にならない精神を持つことです。

　不安にならない精神とは、親から愛されているという確かな自覚を持つことです。母子分離は、生まれてからの3年間である程度できていることが望ましいのです。

　それが可能になるためには、子どもの側に親から常に愛されている自覚があることが不可欠です。

　ところが親の多くは、自分が子どもを愛しているのだから、子どもも当然親から愛されていると思っていると考えてしまっています。

非行に走る子どもの多くが、親から愛されていないと考えているという報告があります。このことは何を意味するのでしょうか。問題は、親にあるだけでなく、子どもにもあるのです。

常に子どもが愛されていると感じることが、子どもの側に安定した精神、静謐《せいひつ》な精神を生むもとになるのです。そして、穏やかな安定した精神の中でこそ、思考や創造が豊かになっていくのです。

つまりは、愛されているという自覚が、高いレベルの能力、つまり天才脳を育てるための基本なのです。

これからご紹介するピグマリオン学育研究所（以下ピグマリオン）のお話は、こうした豊かで深い愛情の中で、子どもを育むことが、大きな前提になっています。

これからの時代に生きていける脳が天才脳です。原始時代、農耕牧畜時代、第一次産業革命時代ではなく、第三次産業革命の現代ですらなく、第四次産業革命のＡＩ時代に活躍する脳を天才脳と言います。天才脳は、高い知性だけでなく、豊かな人間性をあわせ持つ、人生を楽しむ脳です。そんな天才脳作りへのピグマリオンのアピローチをこれから、語りましょう。

天才脳の作り方［目次］

第2章 天才脳を作るには、「数字のかたまり」の理解から……55

第3章 天才脳を作るには、言葉の理解から
～早期の英語教育は必要か～

第4章 学校では天才脳は作れない……105

第5章 天才脳の子どもたちは思いやりを発揮する

巻末対談

序章　Introduction
天才脳は作ることができる
～なぜピグマリオンの子どもたちはすごいのか～

3歳児が描いてくれた私の似顔絵

3歳児や4歳児の生徒が時おり、私に可愛いプレゼントをしてくれます。中には初めて書いた手紙や初めて描いた絵があります。

次ページの絵は、3歳児が描いてくれました。私なのだそうです。

3歳というと、おはしはまだ「にぎりばし」になることが多く、食事のときはスプーンを使うことが多いかと思います。

しかし、この子は鉛筆を正しい持ち方でもって書くことができます。クレヨンは不要な力を入れると、途中で折れてしまうことが多いのですが、この子は指先の力の入れ具合がよくできているので折ることもありません。

この子の絵はひいき目に見ても、私を男前に描いてくれています(笑)。

3 歳児が初めて描いた「いとうせんせい」

「いとうせんせい」と名前も入れてくれています。

このようにピグマリオンの教室に通う子どもたちは、音楽や絵画の能力も育つので、年少児でも文字や絵を書くことができるのです。

この絵をご覧になった皆さんはどうお思いでしょうか?

この子の親御さんは「ウチの子が! 信じられない!」という顔で驚いていましたし、モデルとなった私は驚きとともにこの子を抱きしめたくなるくらいうれしくなりました。

小学3年生の女児が書いた作文がすごい

そしてピグマリオンの教室で学ぶ小学生の中には、高い知性を持っている子がいます。

次ページは、小学校3年生の女子が書いた手紙ですが、低学年の子どもが書いたものとは思えません。なんと夢をかなえるために勉強をし、夢がかなったら人のために勉強をしたい（人のために尽くしたい）と言っているのです。

ちょうどNHKの大河ドラマ『真田丸』が放送されていたときなので、徳川四天王の榊原康政を知ったようなのですが、旗印がかっこいいとは、なんと渋好みなのだろうかと、思わず笑みがこぼれてしまいました。

「無心無欲の精神でがんばる！」と決意を示し、私や担任のひろこ先生に感謝の意を表しています。

この手紙は親御さんの指導のもとで書いた訳ではありません。一番驚いたのはこの子のご両親なのです。

この子のご両親は、私の手を取り「こんな立派な子に育ててくださってありがとうございます」と涙を流しておられたくらいですから。

ピグマリオンの教室では、特に人間教育というカリキュラムを作っては

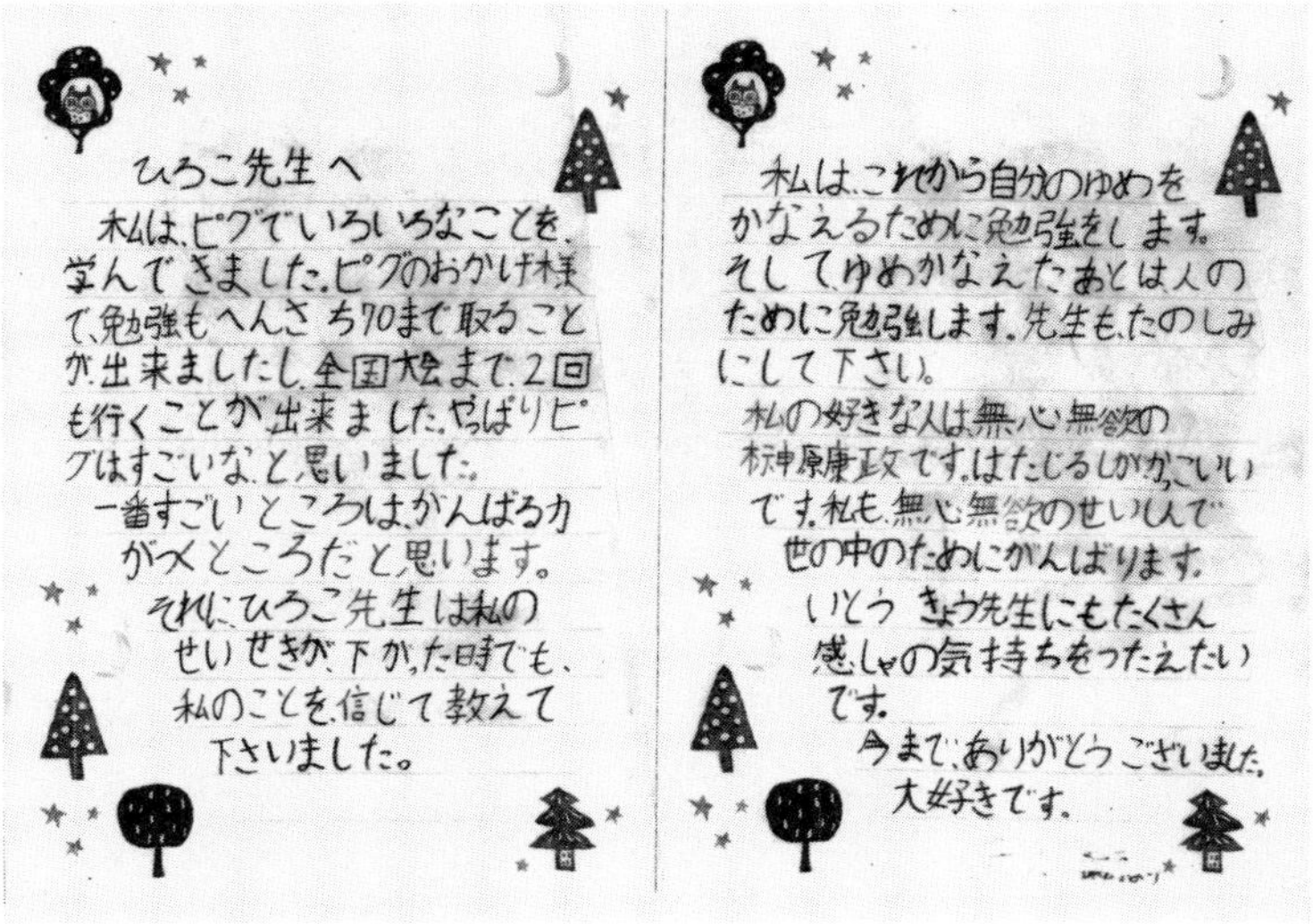

ひろこ先生へ

私は、ビグでいろいろなことを、学んできました。ピグのおかげ様で、勉強もへんさち70まで取ることが出来ましたし、全国大会まで2回も行くことが出来ました。やっぱりビグはすごいなと思いました。

一番すごいところは、がんばる力がつくところだと思います。

それにひろこ先生は私のせいせきが下がった時でも、私のことを信じて教えて下さいました。

私は、これから自分のゆめをかなえるために勉強をします。そして、ゆめかなえたあとは人のために勉強します。先生も、たのしみにして下さい。

私の好きな人は無心無欲の榊原康政です。はたじるしかかっこいいです。私も、無心無欲のせいしんで世の中のためにがんばります。

いとう きょう先生にもたくさん感しゃの気持ちをつたえたいです。

今まで、ありがとうございました。大好きです。

いませんが、しかし、実際にこのような子が育っているのです。

たまたま、ずば抜けて優れた子が、ピグマリオンの教室に通っているのではありません。私が開発したピグマリオン・メソッドによって、多くの子どもの能力が開発されていくのです。

幼稚園児で4桁の暗算?

ピグマリオンでは、「長さ」や「時間」の学習の前に、必ず4桁の加減暗算ができるようにします。しかしその前に5や10、100という数字のかたまりについて指導して、数量認識と処理の法則を学ばせています。

つまり5を一つのものと考える認識方法です。5円、50円、500円、5000円や、定規の目盛りで5㎜のところが長い、時計の数字は5目盛りごとであるなど、日常生活には不可欠な数量感覚です。

ですから、数字のかたまりの認識と処理法から学ばせて基礎を作ります。日常生活の中でよく目にするものから学べるようにしているため、理解が早く、地に足が着いた能力となります。このことについては後の章でまたお話したいと思います。

ピグマリオンの教室にまだお越しになっていないお父さん、お母さんは、ぜひ、見学に来てください。小学校に進む前の年齢の子どもたちが、4桁の暗算をしている姿を目の当たりにされるでしょう。

初めての方は、この光景にさぞかし驚かれると思いますが、私たちからすれば、まったく不思議なことでも奇跡でもないことなのです。

ピグマリオンの年中児、年長児が、大人でも簡単にできない4桁の加減計算を暗算でできるのは、「数処理能力」の真髄をつかんでいるからです。数処理能力がないまま、20までの数を手で数えたり、数唱や数え足し法や暗記したりする方法でたし算や引き算をすると、1万までの加減暗算はできません。

灘中学に入学する子も続出

灘中学の合格者数日本一と言われる進学塾である浜学園の公開模擬テストで1位を取ったピグマリオンの卒業生は今までに10人近くいます。10位以内ならば毎年必ず出ています。

日能研の全国テストで、9000人中1番を取ったりしていますし、ピグマリオンの卒業生の8人中6人が灘中に合格した年もありました。

浜学園の幼児教育部門「はまキッズオルパスクラブ」の教材は私が提供しています。ここの卒業生は、平均偏差値が60以上あることからも、ピグマリオンが驚異的な効果をあげる教育であることの証明と言えます。

ピグマリオンの小学生クラスで学んだ子どもにとって、難関中学受験はそれほど難しいことではありません。ピグマリオンの超レベル算数学材は難関中学受験のための最高の教材なのです。

しかし、ピグマリオンの目的は、単に難関中学に合格することではありません。その場限りの合格ではなく、一生を通じて役立つ知性と人間性の育成にこそ、その目的があるのです。

ピグマリオンの小学生クラス向け学材なら、難関中学合格のための学力を育成しつつ、高い知性と人間性を育てることが可能です。

楽しいのが本来の幼児教育である

学習は、面白くないといけません。楽しくて面白いから、たくさん学びたいと思うのです。心を開いて、心楽しく、感覚と知能を全開して思いっきり考えるから、瞬時に体得したり、短期に能力化できたりするのです。

考えることとは、楽しいことなのです。考えると頭の中にアドレナリンが分泌されて、脳が快感を覚えると言われています。快感を覚える楽しいことは、繰り返したくなります。そういう繰り返しという持続の中で、しだいに能力は高められていくことになります。

さらに言うと、考え学ぶことは、愛することとともに、生きるということそのものなのかもしれません。ですから、生きることが楽しく明るく豊かでなくてはならないように、考え、学ぶことも楽しく明るく面白くなくてはならないのです。

「学習は楽しくなければならない」ということは、ピグマリオンの生徒を見ていればわかります。生徒のほとんどが、キラキラした笑顔で「せんせい、こんにちは～」と大きな声で元気よく、それこそ教室へ飛び込むように入ってきます。

教室に在籍している期間が増えれば増えるほど、笑顔が増えていきます。笑顔が増えるほどに、知能の向上がめざましくなっていきます。学習を楽しめば楽しむほど、驚異的に成果が上がっていきます。

誤解のないように申し上げますが、ピグマリオンでは決して面白おかしい指導をしようとは考えていません。子どもがたっぷりと考えられるような指導をしているだけです。子どもにはたくさん頭を使わせます。おそらくそのせいでしょう。ピグマリオンの教室で学んだ日は子どもがぐっすり眠るそうです。

幼児は長い時間座って学習することはむずかしいと言われています。15分も座っていると、足をぶらぶらさせたり、キョロキョロとよそ見をしたり、集中することが続きません。

幼児教室の親子見学会などに行くと、子どもがじっとできなくて、お母さんが「じっと座ってなさい」とにらみつける場面もよくありますね。

しかしピグマリオンの教室は全然違います。私どもの1回のレッスン時間は50分～80分となっています。50分のレッスンが終わった2歳の子は「もっとやりたい～、おべんきょうしたい～」とダダをこねるほどなのです。

ピグマリオンなら小学校受験教育など不要

なぜピグマリオンの子どもたちはすごいのでしょうか。その答えをお話しようとしているのがこの本です。

ピグマリオンでは、能力というものの本質を根底から研究し、その結果を自然な形で生かしているに過ぎません。

私はこれまで、多くの小学校受験教室の経営者や先生方と知り合いました。残念なことに、そのうちの誰一人として、人格の完成や能力の育成方

法について語ってくれた人はいませんでした。

皆さんが異口同音におっしゃったのは、どのように点数を取らせるのかということと、何名合格させたかということばかりです。

そうした受験教室では、子どもたちはいろいろなプリントに取り組みます。それらは、予想問題と銘打たれた、過去の問題の焼き直しで構成されたものが中心です。ところが、実際、試験問題の予想など当たったためしがありません。

小学校入試のペーパーテストは、知能検査のテストです。知能は、指先能力・図形能力・空間能力・数論理能力・言語能力・社会性に分かれています。それ以外の能力を問う問題が出ることなどないのです。

たとえば、空間能力は3次元空間能力であり、上下・前後・左右三つの座標軸の中で認識するという能力です。このことをわかっていれば、問題を一つずつ対処療法的に解答させることなど考えずに、3次元空間能力を育成しさえすればよいのです。

その結果としてどのような問題もあっという間に解けてしまいます。ですから、問題の予想などする必要がないのです。

小学校受験教育は、幼児教育とは似て非なる教育です。能力育成の何たるかがわかっていない指導者に、能力の育成などできる道理がありません。

ピグマリオンで高い能力さえ育てておけば、小学校受験教育など不必要だと言い切れます。

合格することに躍起になって、低い能力しか育たない方法を採用してはなりません。正道を歩み、小2、小3以上の能力を育てる中で、小学校受験を考えるべきだと思います。最も高い能力を育てられる時期を無駄に過ごしてはいけないのです。

第1章 Chapter 1
天才脳を作るには、まず指先から

環境によって変わるのが人間

「人は環境の子である」と唱えたのは、イギリスの社会改革家で実業家のロバート・オウエンです。環境とは自然環境のことではなく、私たちの周囲の人間環境のことです。私はこの主張の通りだと思います。

私たちは多くの能力を周囲の人や環境に影響を受けて啓発されていきます。乳児の頃から、外界からの刺激に対して、聞く、見る、匂いを嗅ぐ、味を確かめる、触るなどの体験を通し、また周囲の人の笑顔、眼差し、語りかける語調から、心地よさや不快さを感じ、反応する能力、言葉の能力、運動能力など、すべてを獲得します。

こうした外界からの刺激に偏りがあれば、あるいは何も刺激がなかったとしたら、どうなるでしょうか。私たちの能力の発現はいびつなものになるに違いありません。

1920年、インドでは狼に育てられた二人の少女アマラとカマラが発見されました。この話の真偽については議論の余地がありますが、人間は環境によって変わるという観点から、「狼に育てられた少女」の話を進めてみましょう。

アマラとカマラの二人の少女は狼に育てられたために、ほとんど狼のような生態を示した形で発見されました。

彼女たちは、犬のように這いつくばって食事をし、夜になると遠吠えをしたそうです。体毛も密生し、言葉は一語も発することなく、聞き分けることもできなかったそうです。

普通ならば、3歳児で、800語から1000語の言葉がわかると言われていますが、年長の方の少女カマラ(発見された時は5歳~7歳)は、その後死ぬまでの10年間で、数十語の言葉を理解しただけだと言われています。年少の方のアマラは早くに亡くなりました。

先ほどもお話ししましたように、人は環境の子です。もし人間の子どもが、狼の中で育つとしたら身も心も狼に似てくるのです。人間が人間の中で育っても、もしつまらない大人たちの中で成長すれば、同じようにつまらない人間に育ってしまう可能性はとても大きいのです。

逆に、素敵な親や周りの人が、適切な環境を整えて、適切な子育てを行うならば、子どもは必ずや素敵な人間になれる——このことが私の発想の根本です。

狼に育てられたアマラとカマラは、与えられた環境に最大に適応して狼になるように自分の脳を作りあげました。一方、与えられた環境が天才脳を作る環境であるならば、基本的には、どのような幼児も、環境に最大適応しますから、その脳は天才脳になるわけです。

ここで述べている天才脳とは、一部の人にだけ与えられるかのような天賦の才能のことではありません。人間として最大限の能力を生かし切ることのできる頭脳のことです。

ですからレオナルド・ダ・ヴィンチやアインシュタインのような歴史上の天才のことを言っているわけではありませんから、あきらめずにお読みください。

幼児期が天才脳を作る最良のチャンス

天才脳を作る一番うってつけな時期は、幼児期です。なぜでしょう?それは、幼児期には天才脳を作る環境が整っているからなのです。思考回路が育ちきっていない幼児期は、環境に最大に適応して、思考回路を創造していきますが、ある程度、思考回路が育ってくると、でき上がった思考回路を使って、表面的な認識や思考を行うようになります。でき上がった思考回路や能力が低ければ、低い能力が固定してしまうのです。

ですから、思考回路や能力が充分に育っていない幼児期が、高い能力を育てる最大のチャンスなのです。

ところが、低い能力しか育たない環境を与えてしまうと、幼児は、高いか低いかの判断ができませんので最大限に適応して、低い能力を身につけることになってしまいます。

私が幼児の時期をことのほか重要視している理由はここにあるのです。

人間とサルの違い

人間とサルとの大きな違いは何でしょうか?

人間は常に二足歩行ができる、つまり、足で歩けるということです。

二本足で歩けるために、手が自由になり、手を使うことから生じるいろいろな刺激を受け、体験することで感性が高まり、そして自信が生まれるといった精神的な発達が促進されるのです。

歩けるようになっている子どもにせがまれていつまでも抱っこしているお母さんをよく見かけます。これではせっかくの二足歩行の恩恵も遠ざかってしまいます。

指先は細かな調整運動能力を発揮します。一方、足や手はそれより大きな運動能力を発揮します。これを粗大運動能力と呼んでいます。

この粗大運動能力がしっかりと育っていることは、指先の運動能力とともに大切なことです。

では、粗大運動能力はどのように発達するのでしょうか。あくまでも目安ですが、説明してみましょう。

▼1歳

・鉄棒にぶらさがる

・すべり台をすべる

・ものをつかんで投げる
・歩けてもよく転ぶ

▼２歳

・１時間以上歩けるようになる
・高いところから飛び降りる
・ボールを投げる、蹴る
・三輪車をこぐ
・ブランコに立ち乗りをする
・足を交互に出して階段を上がる

▼３歳

・片足ケンケンができる
・でんぐり返りができる
・園の運動会でゴールまで走りきることができる
・階段の２、３段目から飛び降りることができるこれらが、粗大運動能力の標準発達段階といわれるものです。

もし、それぞれの標準発達段階においてできない運動能力があるとすれば、そこには何らかのできない原因があるのです。つまりその原因は、能力を伸ばすチャンスに恵まれなかったということです。

こうした能力が育成されないで放置されると、子どもの不得手なことを増やしてしまう原因になります。私たちは、このことに注意を払わなくてはなりません。

騒がしい子、落ち着きがない子は手先が不器用

私たち人間は、二足歩行ができます。つまり四肢が手と足に分かれています。

では、私たち人間は、四肢のすべてが足である他の動物とはどのように違っているのでしょうか。

それは、大きな頭を足で支えられるだけでなく、第二の脳、外部の脳と言われる指先の調整能力が発揮できることです。

手と足の分離ができていない幼児は、いつも足をバタつかせ、机の下の物を蹴り飛ばしたりします。手が動くと足も動いてしまうのは、動物のように、まだ手が前足のままだということです。

歩けるようになれば、年齢に応じて毎日３０００歩から５０００歩、可能なら１００００歩程度は歩けるようにすることが大切です。しっかりとした二足歩行ができることこそが、乳幼児教育の基本です。

その一方で、乳児期においては体の健全な発達とともに、知性獲得の準備段階であるということを忘れてはいけません。そのためには、指先能力を高めながら、先見性・全体性・関係性などの思考力の基礎と、図形や空間や数論理能力の基礎を学ばせるようなカリキュラムが必要となります。

知識は、手に触れるものや具体的に目で見られるものなど、指先能力を含めた六感を通じて認識できるものを中心にしておけば充分です。観念的なものは子どもが自ら創造できるように刺激していきます。

ピグマリオンの教室は、基礎中の基礎である「1から3の数」の指導に3カ月から6カ月もかけていますが、理由はそこにあります。

自立心は指先能力と大きな関係がある

指先能力は、知能だけでなく、心や性格を左右する基本的な能力の中の一つです。大脳生理学によれば、大脳皮質のほぼ半分が指先の活動と関連していると言われています。

論理的な思考能力や言語能力は他の生物にはありませんし、人間が文明を発達させたのは大脳皮質が発達しているからです。

私たちの脳は、４歳の段階でその80パーセント完成されると言われています。だからこそ指先能力の育成を行う幼児教育が不可欠なのです。

幼児期は、まず「握る」、次に「つかむ」、そして「つまむ」の順に手の動きを発達させていきます。子どもには手を使った遊びをさせて手の発達を促し、指先を活発に動かすことが、脳の機能にも影響を与えます。

つまむ、差し込む、入れる、はしを使う、ハサミで切る、ひもを結ぶ、折り紙を折る、切り絵をする、ぬり絵をする、絵かき歌で遊ぶなど、指を使った遊びをたくさんさせてください。指先能力は、遊びやいたずら、お手伝いといった、日々の生活の中で育まれるのです。

時おり、３歳前後でも指先が満足に動かない子がいますが、それは指先を使う機会が不足していたためだと考えて差し支えないと思います。

子どもができることに対してすぐに親が手を貸したり、あれこれ指示をしたりすると、指を使う機会が減るばかりでなく、依存心の強い子どもに育ってしまいます。

子どもの心と能力は、親との関わりの中で育ちます。子どもが親の助けや指示を前提に行動するようになれば、いつまでたっても自立はできないでしょう。

親が子どもの思考の主体になってはいけません。教えるのではなく、学ばせるのです。危険でない限りは、たくさん遊びやいたずらをさせてやってください。完璧にできなくてもかまいません。自分でできることは自分でやらせてください。

人間の自立の発達は、

①肉体的自立

②精神的自立

③知的自立

という順序で進んでいきます。

この初めの段階の、肉体的自立をしていない、つまり、指先の調整能力が育っていない幼児というものがどのような様相を呈するかご存じでしょうか。

親が手を貸しすぎると大変なことに

指先の調整能力が充分でない３歳から４歳の幼児に、図形遊びをさせてみると、次のようなことがわかります。図形遊びとは、外界を捉える能力を育成する遊びです。

- 斜めの線が捉えられない
- 形が捉えられない
- 両手を協調させながら形を置けないので、子どもが片手で形を置き、親が片手で協力する

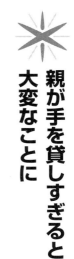

・子どもの手が、必ず親の体の一部を触っている
・場合によっては、まったく図形遊びをすることができない

なぜこうしたことになるのかというと、何をするのにも、親が手を貸してきたからです。下着や服を親が着せたり脱がせたり、何にでも世話を焼いて、依頼心の強い、肉体的に独立していない人間、精神的にも独立していない人間を作り出した結果なのです。

人間は、3歳から5歳のうちに、原風景としての能力を、与えられた環境の中で拓かせていく動物です。親が助けてくれることを前提として能力を作り出したとしたら、いつまでたっても自立できないのは当然です。

子どもの心と能力は、親との関わりの中で育ったものであることは間違いないのです。子どもが依頼心の強い子だとしたら、それは生まれもった性格だなどと諦めてはいけません。

依頼心が強い子でも、まだ3歳から5歳までなら充分に間に合います。観る力と指先を発達させることによって、肉体的自立、精神的自立、知的

自立が可能になります。

観る力と指先の能力が同時に使われることを、「目と手の協応」といいます。これは感性の基礎となる、とても大切な能力なのです。

指先能力が未発達な子どものほとんどは、学ぶ力が弱く、思考力・創造力も低いレベルにあります。言語能力の劣る子どもの指先が動きにくいというのも事実です。

学ぶ力・創造力・思考力に劣る子どもは、暗記したり繰り返したりすることで、知識を増やして問題を解決しようとします。そのため、ともすれば「前にしたことがあるか」「前に覚えたことか」「できるか」といった経験知に頼りがちになり、新しく問題を解決しようという意欲が起こらないのです。

このように、自立心の発達と指先能力の発達は密接に関係しているのです。

両手がしっかりと使えることの大切さ

精神的にも、知的にも自立していない子どもは、たいてい片手で物を処理しようとします。ボタンを留めるにしても、ズボンを履くにしても、片手ではなかなか上手にできません。食事をする、鼻をかむ、ハサミで紙を切る、ひも通しをする、みんな然りです。

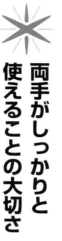

子どもが図形遊びの時に、片手でものを置こうとするのは、片手の生活をしてきたことの現れです。先に述べたように、片手だけで物に触る子どもの、もう一方の片手は、実際はそうでなくても、心の中で親の手や体や服を握っているのです。親とつながることによって、肉体も精神も頭も親の一部となっているのです。

つまり、肉体も精神も頭もまだ自立していないのです。自立する必要がなくて生きていけるならば、絶対に自立しません。必要があるからこそ能力が育成されるのですから。

指先の能力を高めるためには、両手を使った遊びをさせることが大切です。両手の関係の中で一つのことができあがるという事実が、そして目と手を協応させて能力を全開させて物事を完成させるという経験が、関係の中で生きるという体験の基礎となるのです。

正しく物事を行うことは、片手だけでは成り立ちません。両手を使うことが、つまりはすべてを使うことが必要なのです。能力を全開して一つのことをなし遂げると、一皮むけた能力を獲得できるようになります。それは能力がレベルアップしたということです。

幼児教育の目標は、子どもの自立

日々の生活の中や勉強で、ポカが多い、または忘れ物が多い子がいます。その子のことを安易に考えないでください。その子の状態は、自立していない心がおこす注意力不足が原因なのです。

どうしてそんなことになるのかというと、生まれてから3、4年の間に、指先の調整能力が育っていなかったからです。自分ですべきことをせずに育ったということです。

その結果、甘えた心、依頼心の強い性格が支配的になっているのです。

精神的な自立ができていないのです。そして、精神的に自立していないということは、その子なりに自分で感じたり、考えたり、問題解決をしたりする経験を持たないということでもあります。

逆に、精神的に自立していれば、自分の周りのことを自分で感じることができます。すると感性が育ちます。自分で考えることができるので、思考力が育ちます。自分で問題を解決しようとする姿勢があるので、広い視野と注意力を獲得する方向に行き、学ぶ力が発達し、創造力が育ちます。

また、精神的に自立してくると、むやみに他人に頼ろうとしないので、精神が安定し、静かで穏やかな精神状態で、周りに対応できるのです。広い視野を持った束縛されない精神状態なので、自由で秩序だった心となり、自然に対しても、人間に対しても、優しさと思いやりを豊かに発揮することができます。

それがひいては、生きている、輝いている、愛の中にあるという、素敵な時間を積み重ねる人生を歩むことになります。

幼児教育の目標は、その子の自立にあるべきであると私は思います。その理由は、以上のようなことにあるのです。

指先能力を高めるこんな遊び、あんな遊び

これまでお話してきましたように、指先能力は知能だけでなく、心や性格までも左右する最も基本的な能力です。指先の調整能力が未発達な子どもは、学ぶ力が弱く、思考力や想像力も低いレベルのままなので、暗記したり繰り返したり機械的に覚えたりして知識を増やすことに終始しがちです。

ピグマリオンでは、指先能力を高めるための学具として次のようなものを用意しています。

楽しく遊びながら学ぶことで、子どもたちの指先能力はどんどん発達していきます。

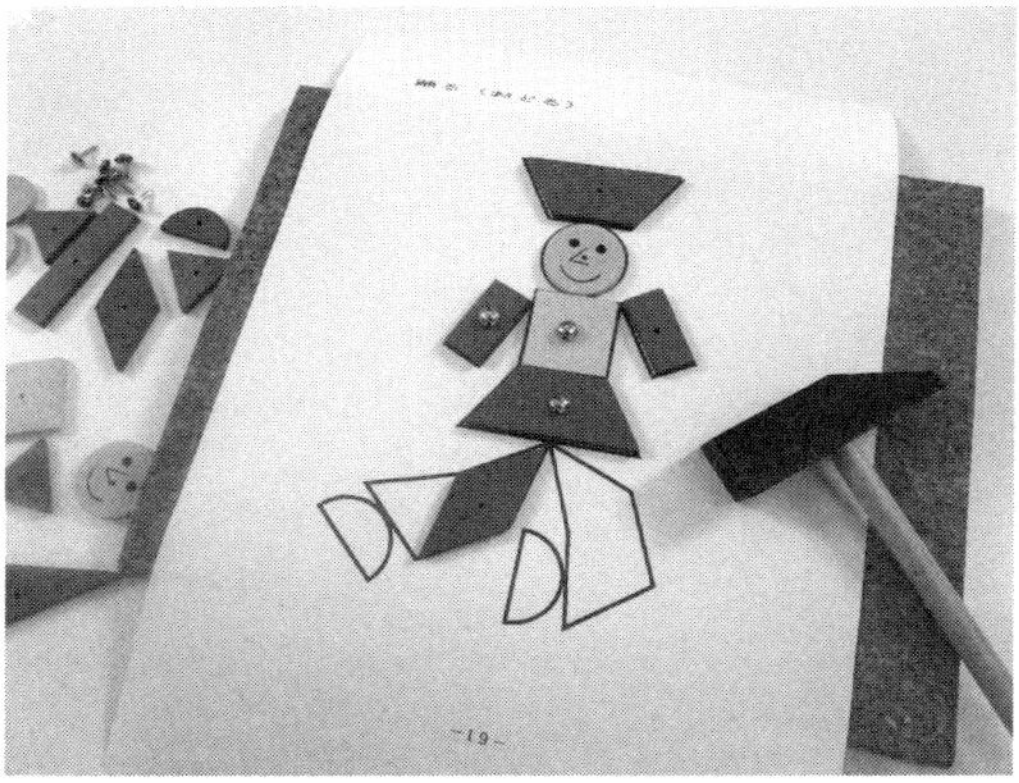

色板トントン

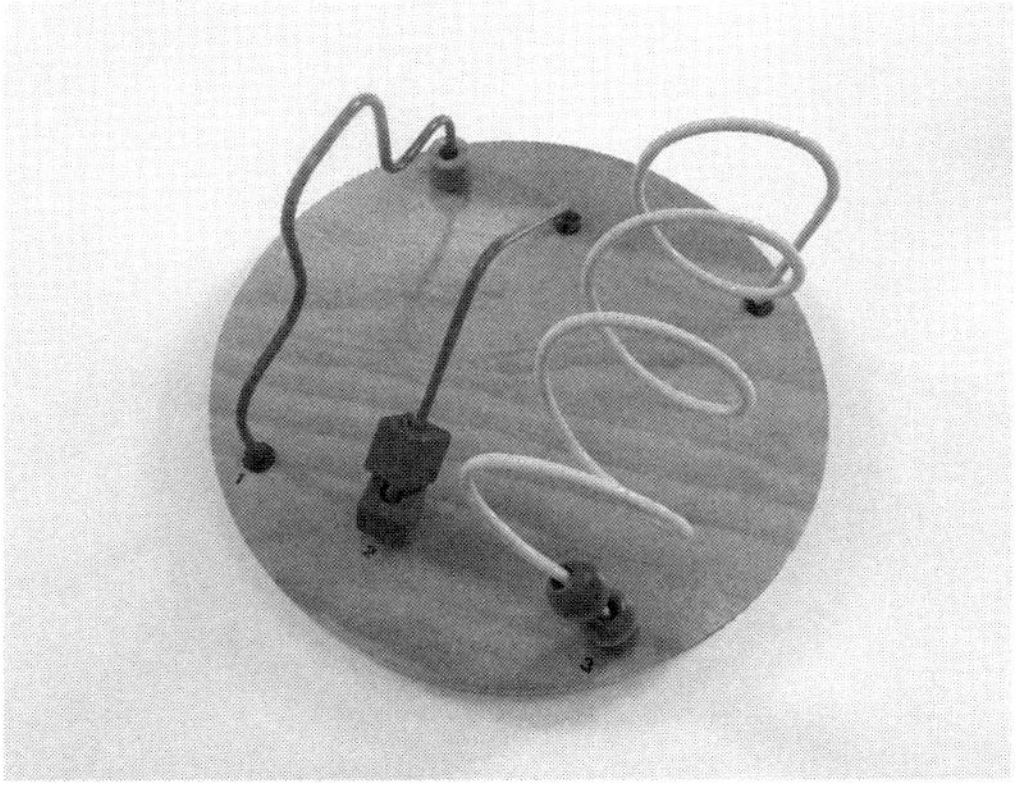

リニーレン

▼色板トントン

かなづちで釘をトントンと叩いて、さまざまな図形をお手本通りに置くことによって、指先の調整能力や図形把握能力が育ちます。

かなづちは木製で板はコルクなので幼児にも安心して遊ばせることができます。

▼リニーレン

線がループするようにたどっていくのですが、空間能力の低い子どもは、曲ることとを認識できません。

幼児期の子どもたちが、遊びながら線とその空間を認識する学具です。

▼ラビットゲーム

4～5人で遊びます。サイコロの目に応じてすばやく判断をすることで、瞬発力や判断力が育ち、指先能力で大切な手首の能力が鍛えられます。

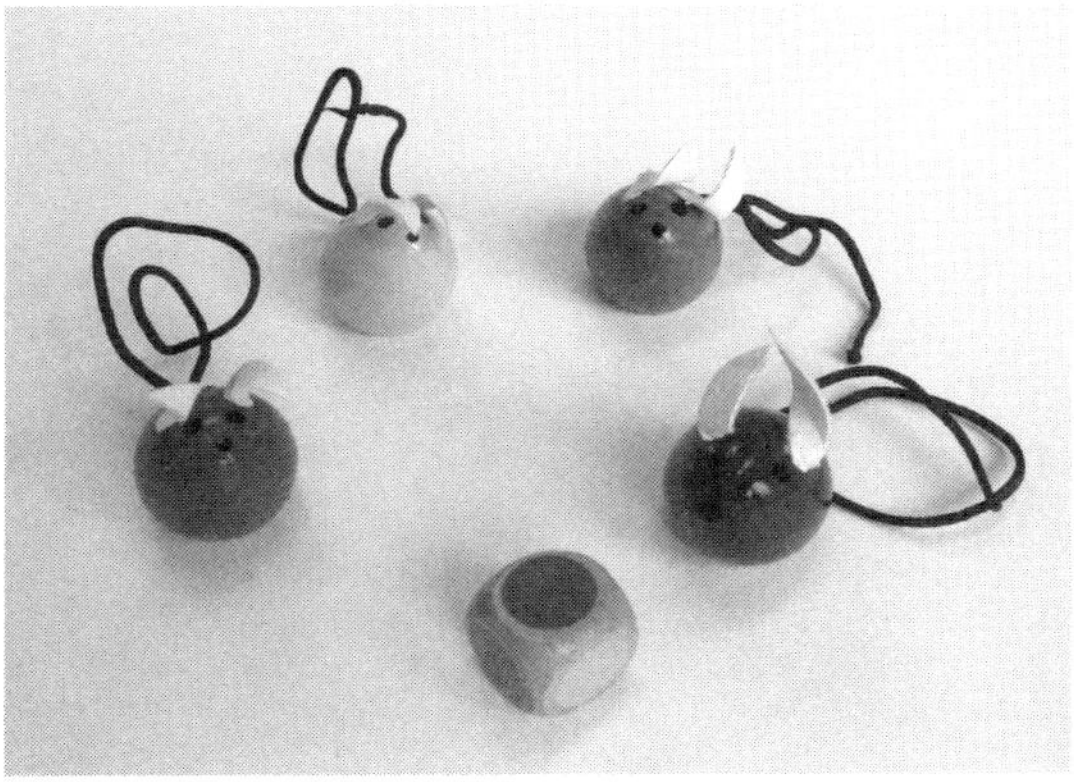

ラビットゲーム

切り絵工作

▼切り絵工作

指先能力、先見性、関係把握能力、構成把握能力を育てるために、30枚の「オリジナル切り絵工作」が用意されています。説明文を見て、楽しみながら製作することができます。

第2章 Chapter 2
天才脳を作るには、「数字のかたまり」の理解から

本当のところ「数」は教えられない

拙著『2才児のさんすう』（ピグマリオン学育研究所）の冒頭でも述べたことですが、「数」というものは、教えることはできません。ただ学ばせるだけです。

みかん1個、ネコ1匹、鉛筆1本、紙1枚、自動車1台、絵本1冊……1日、1年、1時間、これらはみんな「1」です。

色、形、大きさ、量、長さ、重さなど、どれも共通のところがありません。しかし、これらはすべて「1」です。すべてが「1」であることを、みなさんは子どもにどのように説明しますか。

実は、「数」は教えられないのです。ですから、子どもが「1」を自分から認知できるように指導しないといけません。

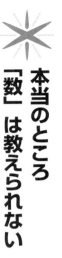

そのために、ピグマリオンでは3カ月かけて1から3の数量指導をしています。そして、子どもが自ら得た「1」の概念は、ただ教わり覚えたものではなく、自分で獲得した（創造した）知識となります。

同様に、「2」以上の数、足し算、引き算の計算、量や図形、その測定や算出も、自ら発見することできちんと理解できるようになります。

ピグマリオン教育は、ただプリント問題を繰り返して知識を刷り込む他の教育とは根本的に違った、子どもたち自らの思考と創造を育てる教育なのです。

日常生活の中で数を感じよう

数の概念は、紙の上だけで育成することはできません。ピグマリオンの算数教育は、五感で学ぶのです。勉強させようだとか、数を教えようと考える必要はありません。力まず、遊ぶような感覚で数に触れさせる、これが大切なのです。

ここで、日常生活で数感覚を体験させられる方法の一端を紹介します。数感覚を完全なものにするには役立ちます。ぜひ試してみてください。

▼口や胃袋で数を感じる

イチゴやビスケットなど、同じものを何個か食べることによって、口や胃袋で数を感じることができます。体のどの部位であっても、そこで感じたことは、脳に感覚として蓄えられるでしょう。時には、ただ食べさせるだけではなく、今から何個食べるのか、また何個食べたかを子どもに尋ねて、数を感じさせてください。

▼足で数を感じる

階段を上る時や降りる時に、「１、２、３」と数えながら、体と足で数を感じさせてください。なるべく子どもが自ら「１、２、３」と数えるように仕向けましょう。

数を子どもたちに認識させることから始まる

数の学習を始めるにあたっては、まず「数」というものを子ども自身が認識することが必要です。生まれてから3歳ぐらいまでは、自分以外の世界を数の論理で捉える必要がありません。お金を使うこともありませんし、数を計算する必要もありません。この段階では、子どもは1から3の数を、違うものとして見分けることはありません。

また数のあり方は、形、色、材料、性質、場所などに左右されるわけではありません。それらとは関わりのないところにあるものだということを、数をいろいろな状況の中で見せて認識させます。

数というものは、美しさや正しさと同じく、自然界に存在しているものではなく人間が作りだした概念です。そのことを論理的に理解させるために、充分な経験を積ませる必要があります。この過程から、育成を始めるのが、私が数論理能力と呼んでいるものです。

数論理能力は、知能の中でも最も大切な能力の一つです。この能力は、公式の暗記やペーパー問題を解くことでは育成することはできません。数論理能力を支えるものは、抽象化する能力であり、創造力であり、問題解決能力なのです。

言語能力や数論理能力は、全くの後天的な能力であり、教育なしで身につく能力ではありません。しかし、数論理能力は幼児期からの適切な刺激があれば、驚くほど育つ能力です。

ピグマリオンでは、数論理能力を確実に育てるために、指先能力や観る力や言語能力と関連づけて数論理能力を育成しています。個別に育てるのではなく、他の領域の能力も同時に育てることで、はじめて数論理能力が育ちます。

数論理能力の育成を計算力から行うという考え方がありますが、この方法では数論理能力は身につきません。計算で算数能力が育つと考えている人が根本的に間違っているのは、「数能力」という能力があると信じていることです。しかし、残念ながら「数能力」は存在しません。あるのは「数論理能力」です。

数論理能力には、法則性や決まりを自ら発見する能力が含まれています。小学校の算数や中学校での数学で取り組む文章問題や図形の問題では、数の法則性や決まりを土台として、論理の矛盾を解消したり平面・空間での整合性を明らかにしたりすることの稽古が仕組まれています。つまり数論理能力の鍛錬です。

計算問題はできても、文章問題や図形の問題がわからなければ、いわゆる算数ができる子とは言えません。計算問題は技術の有無を問うもので、思考力や創造力を必要とするものではないからです。

大人となって社会で現実の問題に直面して、本当に数論理能力が必要とされる場面では、計算問題のような形で出てくることはまずありません。ですから紙の上だけで計算ができても現実の前では意味をなしません。数論理能力は、豊かで楽しい数体験をたっぷりとさせることにより、子どもが自分自身で獲得する問題解決能力なのです。

人類が能力を獲得していった順番に沿って刺激する

3歳児の段階で、人の脳はその80パーセントができ上がると言われています。この時期に、幼児自身が高い知性を創造することができるような、本格的な幼児教育をすることが大切です。そのためには、幼児という、人間の発達段階に見られる特殊性を理解しておく必要があります。

人は環境の子と言われるように、幼児は、与えられた環境に対して最大限に適応しようとします。そのための能力を作り上げようとします。幼児は、環境からの刺激に応じて、最初に「反射能力」を育てていきます。そしてこの「反射能力」を「反応能力」に育て、さらに「対応能力」を創造していきます。この「対応能力」が、いわゆる「能力」です。

最初から数を量として捉えることから始めます。まず1から3の把握です。

身の回りにあるもの、たとえば、鉛筆1本、消しゴム1個、ネコ1匹、人1人、リンゴ1個、これらは色も形も材質も大きさも重さもそれぞれ違うものです。しかしこれらはすべて1という概念でくくれるのです。1という概念は、それ自体は架空の存在ですが、私たちの頭の中で創造すると、それは便利な存在です。

そして、1から3の捉え方ですが、1、2、3は漢数字なら一、二、三、エジプト文字ならⅠ、Ⅱ、Ⅲ、ローマ数字ならⅠ、Ⅱ、Ⅲと書きます。それぞれ数を数えるのではなく、瞬間的に目で見てわかるようになっています。このことは次の節で詳しくお話したいと思います。

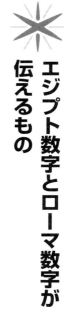

エジプト数字とローマ数字が伝えるもの

エジプト文字における数量認識は、ピグマリオンの考え方に合致しています。なぜなら、新しいものは、まったく新しいものではなく、それ以前のものの組み合わせであるというやり方が、エジプト文字の場合とピグマリオン・メソッドに共通しているからです。

たとえばエジプト数字では、6＝3＋3、7＝3＋4、8＝4＋4、9＝3＋3＋3という具合に、6から9は、3から4の組み合わせで作られています。つまりこれらの数は、それ以前の数を前提として創造されているのです。

このことは何を意味するのかというと、「今までのもので、新しいものを創造する」という、人間の発達・創造の歴史が、エジプト数字の表記に刻印されているということです。

こうしたシンボリックな現象を、一つの大きな真理の現れと捉えたいと思います。つまり、９＝３＋３＋３と分解されることを経験する、そのような経験が、新しいものを学ぶ時に、教えてもらおうとするよりも、自分で解決する、自分で創造するという人間を創ることにつながるのです。

また、これもヨーロッパ文明の話になりますが、古代ローマ数字では、５（Ｖ）との関係で数の表現をします。

４＝Ⅳは、Ｖの左にⅠが書かれて、ＶよりⅠ少ないことを表す。

５＝Ｖは、５というひとかたまりの数を表す。これが基準となる。片手の指の数でもある。

６＝Ⅵは、Ｖの右にⅠが書かれて、ＶよりⅠ多いことを表す。

7＝Ⅶは、Ⅴの右にⅡが書かれて、ⅤよりⅡ多いことを表す。
8＝Ⅷは、Ⅴの右にⅢが書かれて、ⅤよりⅢ多いことを表す。
9＝Ⅸは、Ⅹの左にⅠが書かれて、ⅩよりⅠ少ないことを表す。
10＝Ⅹは、Ⅴ＋Ⅴ。Ⅴが縦につながっている。両手の指の数でもある。

さらに、11から20においても、それまでに作った数量の表現を組み合わせて数字を表現しています。（例　12＝Ⅻ、18＝ⅩⅧ、20＝ⅩⅩ）

このように、エジプト数字もローマ数字も、今までに使った表記を組み合わせて、量が一目でわかるように作られているのです。

このことは、古代ヨーロッパ人の知能が未発達だったことを意味するのでは決してありません。毎日人間が目にし、毎日使う両手、そこには5本ずつ指がある。そういう日常のものを構成する、1から5という数字の組み合わせで、数量認識をしていく。

これは、日常に役立つものだけが、次の能力を生み出すのだという、昔も今も、最も自然で理にかなったことであり、子どもたちの能力に刺激を与えるためにも最適の方法なのです。

数は現実には存在しない。あるのは量のみ

日本でよく行われている算数の指導方法は、いわゆる数唱主義です。100までとか1000までの数字を唱えて覚えさせ、数が並ぶ順番を頭の中に定着させることを前提とした指導方法です。

これだと、繰り返し唱えて暗記した数の順序を思い出しながら、足し算では「数え足し」をします。逆に引き算では、「数え引き」が行われてきました。

「数え引き」とは、たとえば7引く3の答えを探らせる時に、6、5、4と3個前に並んでいる数を、指を折ったりしながら探し当てる方法を言

います。

この方法では、数という量を、順序がある位置で捉えることになってしまい、引き算そのものを難しくしてしまうのです。

また、数の順序を覚えさせた後、そろばんや筆算に導くという方法が一般的でしたが、これでは数量感がないままなので、数論理的な思考方法は育ちにくいと言えます。

ピグマリオン・メソッドでは、引き算一つにしても、数の成り立ちから考え、先ほど述べた、エジプトやローマなど古代から連綿と続く、数量獲得の歴史から導き出しています。つまり、たとえば9＝3＋3＋3といった、数の成り立ちや合成・分解を数量的に応用する方法の一つとして、足し算や引き算を子どもたちに示しているのです。

子どもたちが、数量を獲得していく過程や数を頭の中で処理していく過程は、実は概念や思考力や知性を作り上げていく過程と同じなのです。ですから、数能力の育成という、一見、算数の世界にこだわっているように見える指導は、子どもたちがさまざまな能力を創造していくのに、この上なく適切なものなのです。

多くの刺激を受けて、その中から規則性や法則性を見つけ出し、それを概念化し、さらにそれを現実に当てはめて内容を充実させていくという繰り返しで、子どもたちの能力は高められていく。これがピグマリオン・メソッドの本質であることをどうか理解していただきたいと思います。

子どもたちに理解させるものは

そこで5、10、100という数字の出番となります。つまり、5や10や100をひとかたまりと考え、そのかたまりと、かたまりにならないものを示すという方法で解決するという考え方が、すべての数量の表現と処理

- ７＋６＝は、５＋２＋５＋１＝１０＋３＝１３
- ９＋３＝は、９＋１＋２＝１２
- １３＋６＝は、１０＋６＋３＝１０＋９＝１９
- ２８７５＋２４３８＝（２８＋２４）×１００＋７０＋３０＋５＋８＝（５２＋１）×１００＋１３＝５３１３
- ２８９４＋２４３８＝（２８＋２４）×１００＋９４＋６＋３２＝（５２＋１）×１００＋３２＝５３３２
- ２８６８＋２４６８＝（２８＋２４）×１００＋６０＋４０＋８＋２８＝（５２＋１）×１００＋３６＝５３３６
- ４１１６－１９７４＝（４０－１９）×１００＋１００－７４＋１６＝２１×１００＋２６＋１６＝２１００＋４２＝２１４２

このように、数を数量として考えて処理させています。ですから、長さの計算も

- ２m８７㎝５㎜＋２m４３㎝８㎜＝（２＋２）m＋（８０＋２０）㎝＋（７＋２３）㎝＋（５＋５）㎜＋３㎜＝５m３１㎝３㎜という具合にすれば、小学校入学前の年長児でも理解できるのです。

方法の基礎になっているので、そのように考えて計算すると簡単です。
たとえば、71ページのように考えて処理します。

図形を理解することが他の能力にも影響を与える

東京大学で教育学部の部長を務めたある教授が、こんなことを書かれていました。

「以前、3歳から6歳までの3年間、研究対象になってくれた子どもたちが小学校5年になった時に、もう一度いろいろなテストをしてみた。その結果、幼児期の『形を取り扱う能力』の発達が、小学校高学年になってからの知能や学力と意外なほどの高い相関を示すことを見いだした」

また、動物行動学者のローレンツがその著書で紹介した、縦縞ネコの実験というものがあります。その実験は、子猫を数カ月間にわたって縦縞しか見えない環境で飼育すると、横縞に対する受容細胞がほとんどなくなり、横縞のものに対して反応できなくなるというものです。

幼児期における図形を取り扱う能力、それに縦縞ネコが何を物語っているのでしょうか。

それは、図形的な刺激の有無が、後になってその影響を受けた結果を引き起こすということです。

幼児期のことにあてはめると、適切な刺激がなければ、図形的刺激に反応する力、つまり図形能力が育ちにくいということです。

そして図形能力は、他の能力の発達とも密接な関係があります。

図形能力は、学習によって得られる後天的なものですから意識して刺激を与える必要があります。ピグマリオンでは、図形遊びを重視しており、レッスンを通じて幼児のうちに高い図形能力が身につくようになっています。

幼児期に能力を育成するためには、さまざまな教育的刺激が必要です。もちろん言葉や数の教育は重要です。そこに図形遊びを取り入れれば、本物の幼児教育が形成されます。殊に、数論理能力を身につけるためには、数について学ぶだけでなくその土台となる図形能力も必要なのです。

量の感覚や全体の把握力が高められる

学校教育における算数の学習範囲は、数と計算、量と測定、図形、関数などです。これらすべてを総合したものが算数能力であって、どれか一部だけを算数能力とはいいません。

ですから、算数能力の中の一部である計算能力のトレーニングだけでは全体の算数能力を高めることにはなりません。

76ページの図①を見てください。二つの線分は同じ長さですが、「どちらが長いかな」と聞かれた時に、線分の右端だけを見た幼児は、上の方が長いと答え、左端だけを見た幼児は下の方が長いと答えたりします。

次に図②を見てください。左の容器は右の容器よりはるかに大きいのですが、「どちらの方に水が多く入っていますか」と聞かれた3歳児の大半が、「右の方が多い」と答えます。

それは、右の容器の水位の方が単純に高いからです。

また図③のように黒い石がある時、「どちらが多いかな」と聞かれて、多くの幼児が「上の方が多い」と答えるでしょう。これは、石が広がって置かれているという事実に目を奪われてしまっているからです。計算能力のトレーニングだけを続けていると、図①〜図③を見て正しい認識ができなかった幼児は、年齢が上がっていっても同じ状態に踏みとどまってしまう可能性があるのです。

つまり量の感覚がわからない、また全体を見渡すことができない状態で

図①

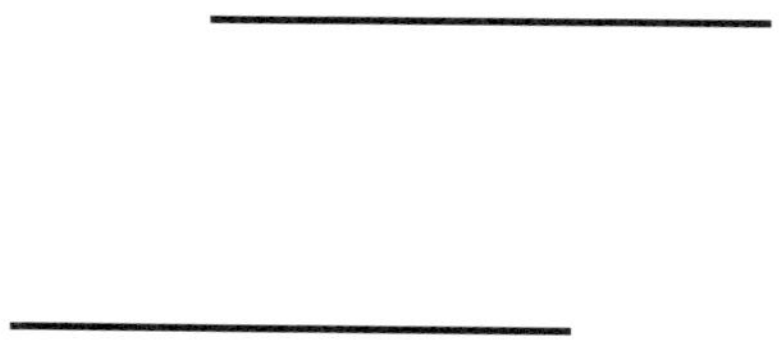

図②

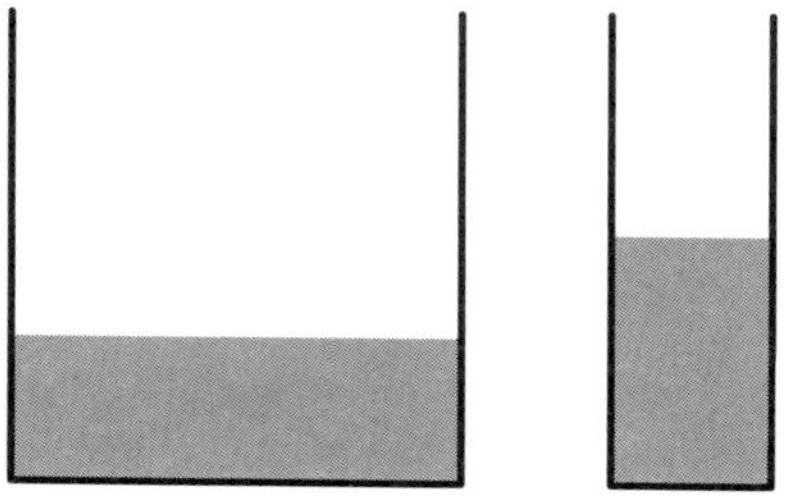

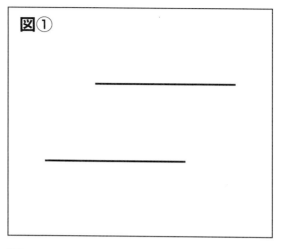

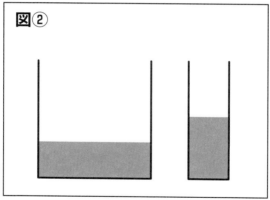

図③

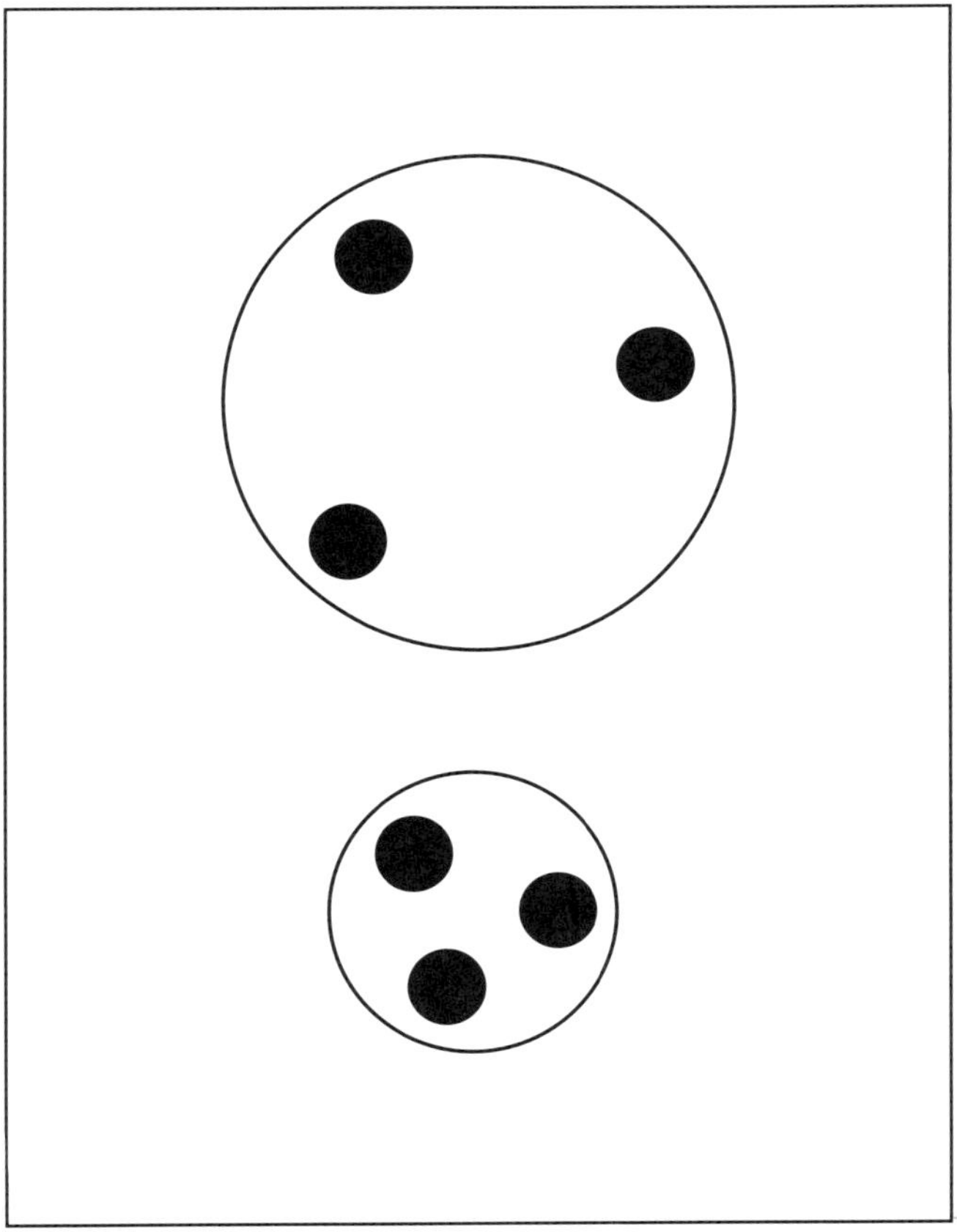

す。言い換えれば、計算問題だけでは、数の概念が点と線のレベルにとどまり、集合数や量という平面・立体レベルの数概念が理解できないのです。

空間概念も飛躍的に発達していく

数や時間の概念と同じように、空間概念もまた人間が作り出したものです。数論理能力に優劣があるように、空間把握能力にも優劣があります。

図④の点描写の問題は、小学校の入試によく出題されます。上側に描かれた線図形を、そのまま下に移す問題です。

この問題に取り組ませると、図形概念（空間把握能力）が発達していない子どもは、上側の線図形を正しく下に移すことができないのです。線が

図④

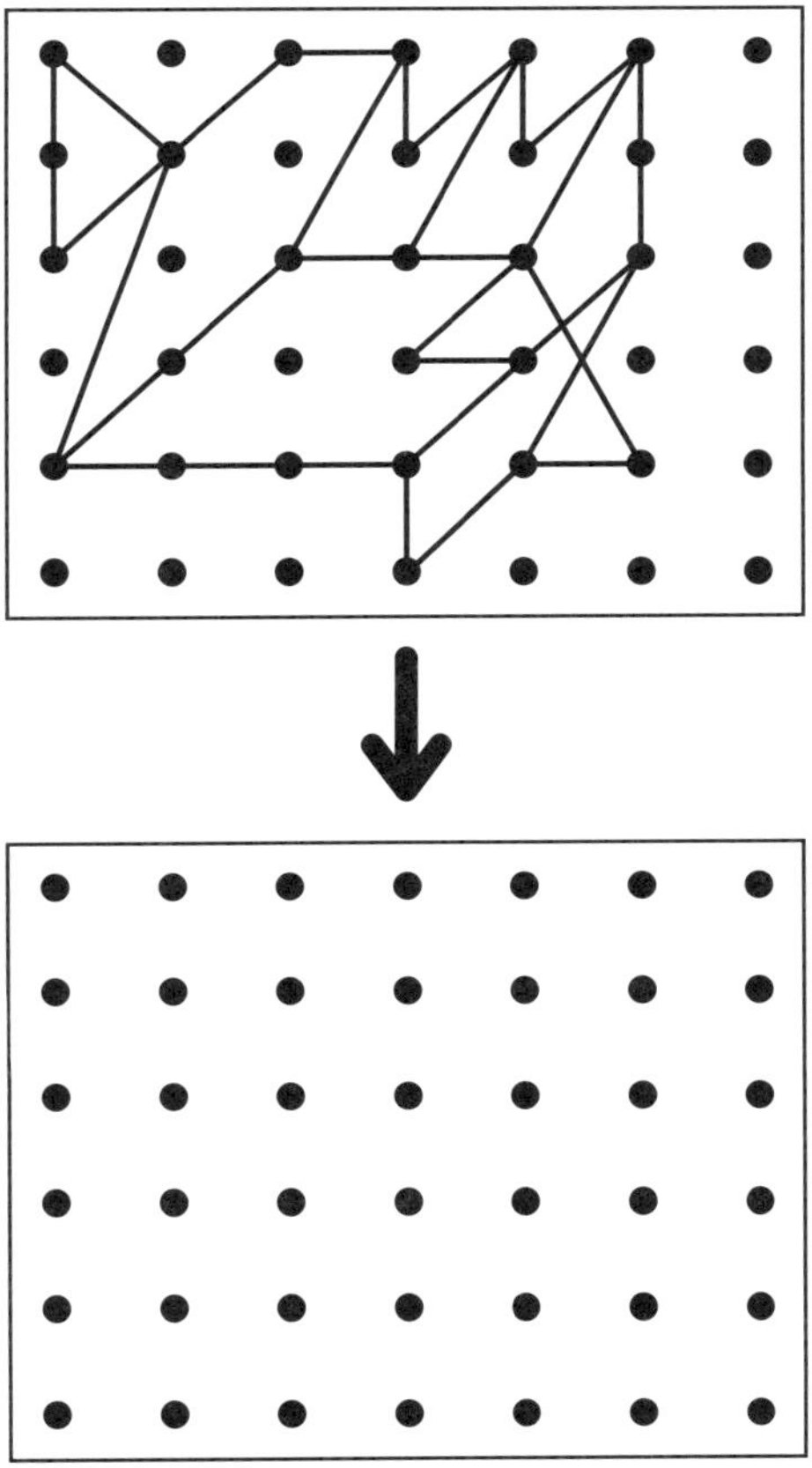

点の上を正しく通らない、線を描きもらす、斜めの線が抜けるなど、なかなか難しいのです。

文部科学省では、図形学習の目的を、空間（図形）概念の養成のためであると明記しています。にもかかわらず小学校で図形を学習する時は、三角形や四角形の名前、面積や体積といった知識や問題の解法が中心になっています。学校教育で本当の意味での空間概念を育成することはほとんどないと言っていいでしょう。

ピグマリオンで、少なくとも2年以上図形遊びをしていれば、年長児の大半が小1から小3程度の図形問題すべてを解答できるようになります。このことは、幼児期の図形遊びの重要性を示唆しているのです。図形概念を向上させることも、数論理能力を高めるためには大切なことです。

また図形問題は、単に図形問題を解く能力を身につけるものではなく、いわゆる頭の良さやキレにつながる能力の育成と深い関係があるようです。

数論理能力は教室の外でも身につく

ピグマリオンには、数能力向上のための学材・学具が豊富に用意されています。

子どもたちは、ヌマーカステンを筆頭にドット棒やウッディブロックなどの学具、そして数多くのプリント学材で学び、数論理能力を伸ばしています。幼児のうちに、小3程度の数論理能力を身につける子も珍しくありません。

ただ、数論理能力は教室で学ぶだけで身につくものではありません。日常生活の中で、実際の体験をもとにして感覚を磨いていけるものなのです。

たとえば、何かを3個手に握った時の量感覚、4個握った時の量感覚、5個握った時の量感覚はそれぞれ違います。

ものによっては、片手だけで握れないものもあるでしょう。その時に感じる、「あっ、こぼれる」という感覚も、量感覚を身につけるためには大切なのです。量感覚は、頭の中や紙の上だけで養うことはできません。それは、手のひらで感じるだけでなく、音で感じたり、食べて感じたり、五感をフルに生かして感じとるものです。

実際の生活の中で、数の感覚が身につくように工夫することはとても大切なのです。

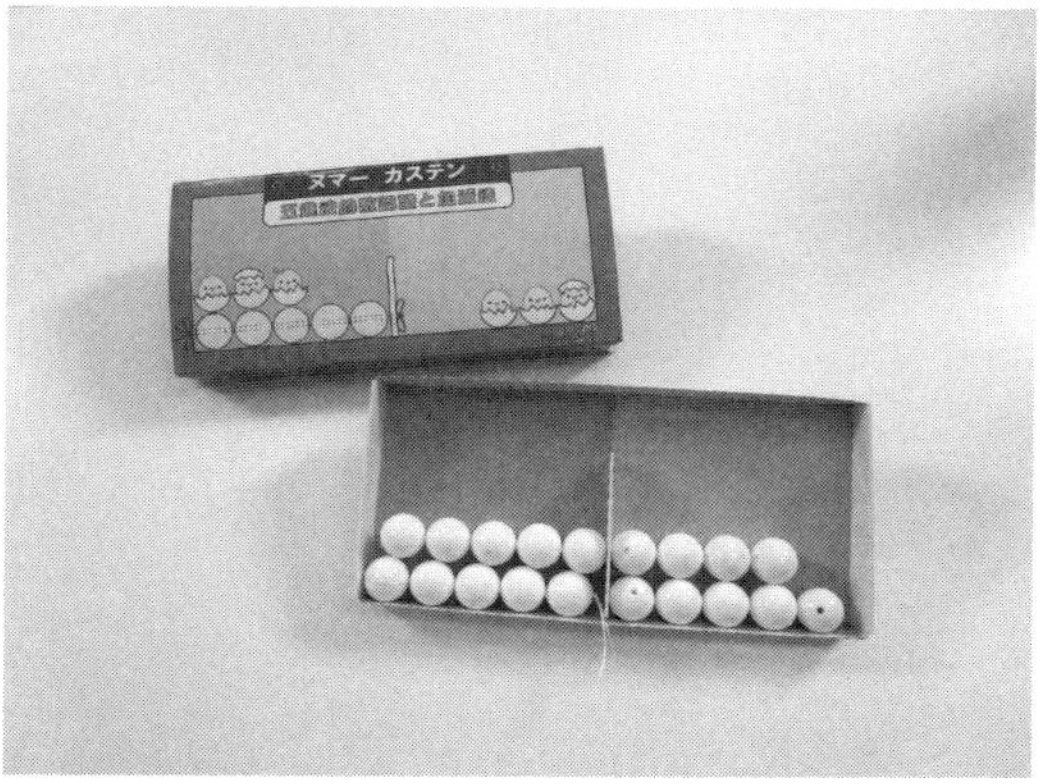

ヌマーカステン

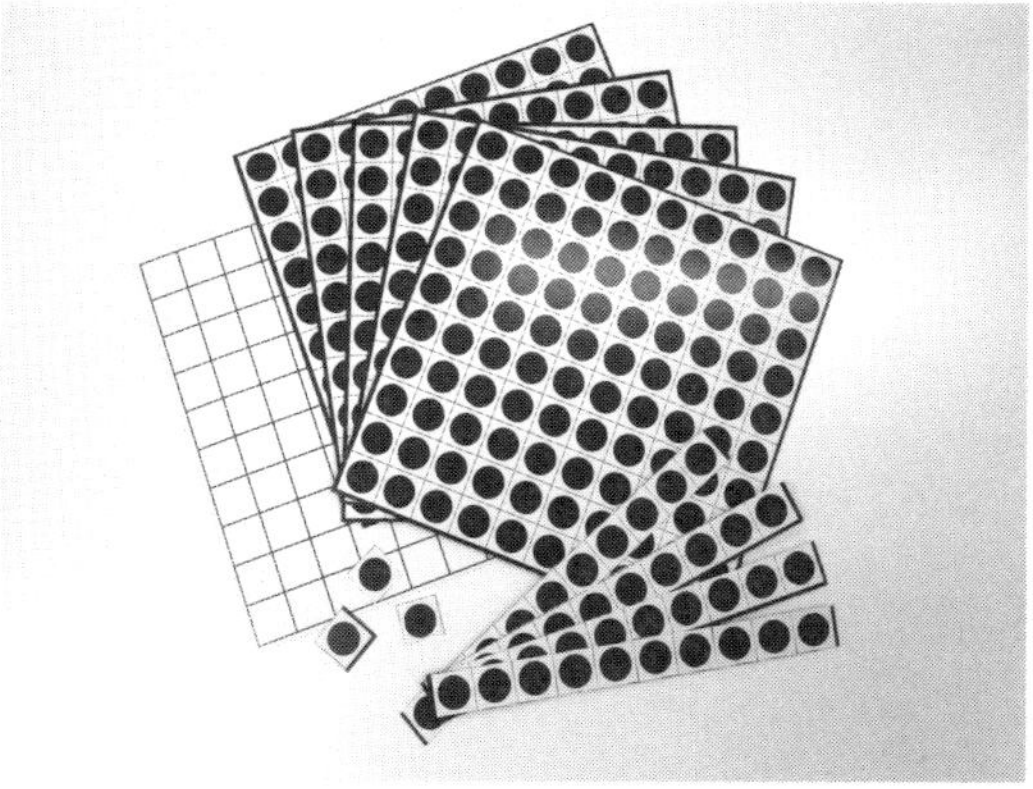

ドット棒C型

暗記物では創造力が高まらない

数論理能力に限らず、幼児期はさまざまな能力の土台と骨格を作り出す最も大切な時期です。この時期に獲得した能力や感性は、その後に獲得していく能力や感性の量と性質を決定してしまう場合が多いのです。

ピグマリオンは、現実を把握し解決するための基本的な能力として、数論理能力を幼児期のうちに育成しておきたいと考え、強力に実践しています。

その結果、たとえば3歳から5歳の幼児が足し算や引き算や文章題などを難なくこなしています。初めて見た漢字交じりの文章を、意味を理解しながら笑顔で読んでいる姿も見られます。

5歳児で、掛け算や割り算を楽しくて仕方ない様子で解答する生徒もいます。3、4歳児で入会して、1、2年もすれば、ほとんどの幼児が小学2年生終了程度の数論理能力を身につけています。

こうした姿を目にして、ピグマリオンの教室を見学された方が一様に驚かれます。

なぜこのようなことが起きているのでしょうか——

教えるのではなく、学ばせているからです。

暗記させるのではなく、創造させているからです。

説明するのではなく、感じさせているからです。

そうすれば、数論理能力と並行して、思考力、創造力、学ぶ力がつき、感性も高まります。

ピグマリオンでは、思考と創造に裏打ちされて一つの知識が獲得されていくという教育法が開発されています。子どもたちが興味を持って、楽しく、笑顔とともに能力を全開させて、より難しい事柄に当たるので、創造力が育成されるのです。

暗記物として算数指導をすると、創造力が高まらないし、程度の低い能力が育ってしまいます。低い能力はいくら積み重ねても高い能力にはならない、このことは間違いありません。

第3章 Chapter 3

天才脳を作るには、言葉の理解から

～早期の英語教育は必要か～

言語教育は、天才脳を作るための基礎である

文字や漢字を教えることだけが言語教育だと勘違いしている方が親御さんや学校の先生方の中に多いようです。

文字を覚える必要に迫られるのは、人間が文字を獲得したからです。人類の歴史を眺め渡してみると、人類は文字を獲得してから数千年しか経っていないのです。文字言語の前には、さらに長い音声言語の時代があったのです。つまり声に出してコミュニケーションをする時代です。

能力はすべて、必要があって開発され育成されていくものです。音声言語の能力もそうです。他者から話しかけられ、その働きかけに応えようと動機づけられた時に初めて、聞く能力や、話す能力ができてくるのです。

その意味では、話しかけられてその言葉を聞くことが、言葉の学習の第

一歩となります。

つまり大人が子どもに対して言葉を多くかけることが、言語能力を育成するための根本になります。ですから言語教育の中で、「言葉を聞く」ということをもっと重要視するべきだと思います。

ところで5歳前後のほとんどの子どもは、いつの間にか話し言葉を完成させています。それは、話し言葉の場合は最初から文章として、つまり、意味のまとまりとして、言語の刺激が与えられるからだと私は考えています。

もし、文字言語の学習のように、五十音の「あ〜ん」という発音ができた後に単語を教え、文を教えるなどという不自然なことをしたら、人間はしゃべることができないでしょう。言葉は、音や文字に意味があるのではなく、そのつながり方に意味があるのでもなく、文の内容に意味があるのです。

正しい言語教育の方法も、ここにあると思います。幼児が言語を習得するように、言語教育をすればよいのです。音声で意味を伝えること、そして、物事を正確に、言語的に捉えて表現することです。それらが充分に発達し始めたら、4、5歳頃からは音声言語を文字言語に置き換えるようにすると言語能力を高めるには有益でしょう。

つまり現実の物事を言語的に捉え、表現し、伝達するということを中心として、日常的な言語生活を充実させることです。

コミュニケーション能力を育てるには

言語能力を育成する目的はコミュニケーション能力の育成です。それは、実は幼児教育全体の目的でもあります。

言語教育で往々にして生じる間違いは、子どもが単音だけしか発音できないからという理由で、文字から教えてしまうことです。文字には意味が含まれているわけではなく、それだけでは感情も心も伝達できません。

乳児は発音器官が未発達なので、言いたいことをすべて言えず、単音しか発音できないだけです。

その乳児が成長するのに伴って、言語能力の発達は、単音から単語、2、3語の単語からなる文からまとまった文、そして文章という見かけの順序を辿ります。この順序にとらわれて同じ順序通りに教えるのは、本質を見過ごした間違った方法です。

子どもへの言語指導は、文章や意味のある文を用いないといけません。しかも断片ではなく、まとまった文や文章など、全部を与えなければなりません。全部を与えるとは、意味を与えることです。

人間は、関係の中で生まれ、関係の中で自己を育てていきます。心も能力も喜びも生きる意味も、関係の中で、つまりはコミュニケーションの中で育てていくのです。コミュニケーションとは、意思の疎通であり、感情の共有なのです。

初めは感情が、次には音としての言葉が、さらには、文字がコミュニケーション能力のレベルアップを図ることになります。

乳幼児期における言語教育は、心の通い合う感情の交感の中で、つまりは、歌を歌ってあげたり、絵本を読んであげたりする中で育ちます。また言葉を発せられない時であれば、音声の持つ強弱・抑揚や、体や顔の表情によって、乳児の伝えたいことを代わりに言語化することで、コミュニケーション能力の発達をうながすことができるでしょう。

英語の早期教育はいらない

私は、英語教育は、９歳以上からでも充分に間に合うと考えています。

しかし英語を話す必要がないと言っているのではありません。それどころか、海外へ出る機会が多いため、私自身が一番英語の必要性を感じているのです。

私は英語が話せませんが、国際標準語として通用している英語の現状や、日本の国際化を考えると、英語を学ぶことの重要性はよく理解しています。

ただ、必要のない時期に必要のないことを教えるのは問題だと言いたいのです。幼児期は、技術を覚えることよりも、能力を育てなければならない時期です。高い知性と他者を思いやることのできる人間性、これが欠如した幼児教育を行ってはならないのです。

ですから、単に英会話が学べることを売りにする教室に通うだけでは、本当に必要な能力が欠如することになってしまいます。

言語はあくまでも「道具」であり、「技術」なのです。その道具を使いこなせる能力を身につけることで、初めて道具が生きてきます。幼児期の英語教育は、あたかも未熟な料理人に切れ味鋭い包丁を握らせるようなものです。

世の中には、英語の重要性を唱える意見があふれています。テレビや新聞、雑誌、ＷＥＢサイトでは、英会話ができる素晴らしさを訴えています。それらを見て、お父さんやお母さん方は「やはり英語は幼児のうちから……」と考えるのも無理はないでしょう。

なぜ早期英語教育が不必要なのか

しかし、幼児期の教育には、やはり適切な順序というものがあります。

言葉には、次の二つの重要な役割があります。

① 他者とのコミュニケーションを図るという役割

② 思考するためのツールという役割

日本人のみなさんが何かを考える時、当然日本語を使います。英語やドイツ語や中国語でものごとを考えたりはしません。どの国の子どもたちも、みんな母国語を使って思考します。

幼児期の子どもは、最初のうちは単に言葉を発するだけですが、次第に言葉で思考して、人と対話するようになります。そして、成長していく過程で、言葉によってさまざまな知識を得ることで、自分自身を見つめ、歴史の事実に思いを馳せ、さらには世の中の真理を探り出そうとするようになるのです。

このような精神的な対話こそが、人間の成長そのものでしょう。精神的な対話ができなければ、高い知性や素敵な人間性を身につけるのは難しいでしょう。

英語を取り入れた幼児教室や幼稚園では、単なる英単語や英会話が中心で、英語でものを考えるということがあまりないような気がします。コミュニケーションの手段として割り切るならば、それでもよいかもしれませんが、コミュニケーションで大切なのは、何を語るか、きちんと中身のあることを話せるかだと思います。

そのためには、まず日本語できちんと思考できる能力を身につけることが大切です。いくら流暢に英語が話せても、中身がなければなんの意味もありません。

ですから、大切な幼児期こそは、まず思考力や知性を育てることに注力したほうがよいのではないかというのが私の考えです。

童話、童謡、唱歌のすばらしさ

人間は、考えるために言葉を使います。言葉を使わずに高度な思考はできません。ですから、言葉の遅れが知能の遅れになるのです。
間違った言語教育を受けて、低い言語能力を持つことも、それはあてはまると思います。
難しいことではありません。幼児が話し言葉、つまり音声言語で母国語を獲得する順番に、書き言葉、つまり文字言語を獲得させたらよいのです。
つまり、
文章を聞く
←文章を見る
←文章を読む
←文字を書く

↓
文章を書く
という順番に、指導していくのが基本です。
そうした言語能力の習得の流れに沿うことを意図して、ピグマリオンではいくつかの学具を用意しています。

▼昔話カード

「桃太郎」「金太郎」「花さか爺さん」「かちかち山」など、昔話で使われている場面や登場人物をカードにしています。絵本に対する興味を深めて多くの知識を取り入れます。

▼童話カード

有名な童話をカードにしています。このカードを使ってストーリーに沿うようにカードを並べたり、童話の場面と登場人物を合わせたりして遊べば、童話に対する理解が深まります。

この他にも、言語能力の育成のために学具として、「身辺教養カード」

童話カード

昔話カード

「動物カード」「生き物カード」「季節感カード」があります。

音声による文章と、文字で書かれた文章を同時に刺激する教材として、童謡、唱歌ほどすばらしい教材はありません。その理由は主に四つあります。

①　言葉の関連や、文や文章の中での使われ方の様子とともに感じられ、覚えられる。それによって初めて、言葉の意味や言葉の持つ雰囲気・情緒、文の中での使われ方など、言葉を全体的に学ぶことができる。

②　漢字交じりの文で書かれた歌詞が、メロディーとともに覚えることによって忘れにくくなる。小学校で習う漢字の半数以上が、知らないうちに目に触れることとなる。

③　歌は情を表現するものであるから、感情を文章で表現する方法が身につく。これが一番大切なことである。

④　長い間歌い継がれてきた歌を知り、歌えるようになることで、教養

も高まり、一生の心の糧ともなる。
ピグマリオンでは、童謡、唱歌の教材を、全部で200曲以上用意しています。

子どもの社会性を育む

テレビドラマ『3年B組　金八先生』で「人」の字を説明する有名なシーンをご存じでしょうか？　若いお父さん、お母さんはリアルタイムでご覧になっていない方がほとんどかもしれません。

武田鉄矢扮する金八先生が、黒板に「人」という字を書き、「人は人によって支えられ、人の間で人間として磨かれていく」と生徒の前で話すという印象に残るシーンです。

金八先生の説明にあるように、人は人間であり、「人のあいだ」と綴ります。これは、人間が、単なる人という動物ではなくて、人と人の間にその本質を持つものだ、ということを意味しています。

人と人の間に人間があるということは、人間性は、人間関係の中にのみ存在するということです。社会的に存在しえて初めて、人間なのです。自然の中でのみ生きているのではない、非自然的な生物でもあるということです。

ところで、保育や幼児教育の目的の一つに使われる言葉に、社会性があります。これは、子どもが子ども同士の社会においても、将来においても、社会の中で他人との間に有効な人間関係を作り、他人と一緒に楽しい生活をしていくということが大切なのだと言っているのです。

自分がどうしたいかだけではなく、相手がどうしたいかだけでもなく、双方のためには、どのようにするのがよいかを考え、双方のためによいことを作り出すのが、人間関係の中で行動するときの基本です。

「他人と仲良くすることはよいことだ」とか、「他人と仲良くしよう」といった心構えは必要ではありません。他人と仲良くできる能力が必要なのです。その能力のことを社会性と言います。

実はこの社会性は、3歳頃から8歳ぐらいの間に学習されると言われています。社会性は、大人たちからの働きかけと、子どもが親や大人たちの行動を観察して学習することと、子ども同士の関わり合いの中から育成されていきます。

つまり、社会性の成立過程を考えると、親の言動が子どもの社会性の質を決定するといっても決して言い過ぎではないのです。親の中には、「なぜ、このような子どもになったのだろう」と呟《つぶや》く方がいます。しかし親であるあなたがそのような子に育てたのです。ですから、言うまでもなくこのような呟きは許されないのです。

第4章 Chapter 4
学校では
天才脳は作れない

教科教育は愚の骨頂である

学校教育の目的は、教育基本法にその方向性が示されていますが、その内容と方法については、文部科学省および各自治体の教育委員会や、学校現場の教師たちに委託されています。

しかし、今までにほんの少しの改良は試みられたこともあるものの、教育界の現状が大きく変化することはありませんでした。

戦前から続く、知識と技術を覚え、暗記するという隷属的態度が抜け切れず、何のための人間主義教育なのかと疑われるのが現状です。つまり、今の教育関係者には教育基本法の理念を達成する能力が根本的に欠如しているのではないかと思われるのです。

いつまでもこんなことでよいのでしょうか。被害を受けるのは、生徒であり、保護者であり、国民であり、社会です。

生徒が自発的にその能力を向上させ続けることができる内容の教材と教具とカリキュラムの体系が示されない限り、個々の教師の力量に左右されるということになります。

それでは、教育の機会均等という原則からはずれたままです。このままでは、大多数の生徒の能力はいつまでたっても向上しないでしょう。

今までの教科教育をあらため、学校教育には思考力教育を導入するべきです。そして、幼児期の教育を家庭任せにせず、幼児教育を国家事業として進めていくことが肝要だと思います。どちらの要求にも応えられる用意が、ピグマリオンにはあります。

先生とは呼べない先生がはびこる

教師に限らず、医師、政治家、弁護士、公認会計士など、「先生」と呼ばれる職業の人々がいます。こうした「先生」は大なり小なり尊敬されています。それは、生徒や患者や有権者や顧客より知識があり、人々の代わりに問題を解決してくれるからです。

でも不思議なことがあります。病気を快方に向かわせられない医師は、ヤブ医者と言われて患者を失います。約束を守らない政治家は、嘘つきと言われて落選してしまいます。

ところが、教育基本法の目的である人格の完成に何の貢献もできない教師は、ダメ教師と言われて職を失うなどということはありません。なんとも不思議なことです。

「先生」が偉いのは、その仕事が他者のために自分の能力や生活のすべてを捧げるからでもあります。他者の問題を解決することを仕事にするということは、たとえば患者が病院へ行かなくてもいいようにすることであり、生徒が教えられなくても自分で問題を解決するような能力を持たせるということなのです。

このように、最終の目的が自分を不要のものにしてしまうところにある職業、それが「先生」として尊敬される理由であるはずです。しかしながら、教師に関しては実際のところ、そうではありません。

生徒の学力を伸ばすために補習しようとする教師に対して、そのようなことをされると補習しない他の教師の迷惑になると言ってやめさせる人もいるそうです。

そのような自分たちの生活や安楽を優先するような人間が、教師に向いているでしょうか。尊敬に値しない教師は、教師と言えません。

医師が人命を預かっているように、教師は人生を預かっているのだという誇りを持ち、教師は生徒の人生や社会の幸福を左右する尊い職業だという誇りを持つべきではないでしょうか。

学校で育てられる能力のお粗末さ

言語能力として重要視されるべきことは、生命あるもの、分離できないものを、そのもの全体として感じ、理解する能力です。

たとえば文章を読む上においても、一つの単語が文章全体の中でどのような意味を持つかを理解する能力です。文章を単語の連結したものとして考えることしかできないとしたら、言語能力としては不充分です。

しかしながら、私たちが受けてきた、また今も生徒たちが受けているのは、低い能力しか育たない言語教育です。

私たちが中学校や高校で教えられてきた英語の学習を思い出してください。クラスの中で、英語を立派に習得し、英会話ができるようになった人は何人いるでしょうか。10人の内9人は、身につかなかったのではないでしょうか。ほとんどの人が身につかない方法は、間違った方法です。

医者や弁護士が、10人の内9人に、間違った指導をしたとしたらどうでしょう。誰も頼みにこなくなるのではないでしょうか。

学校の先生たちは、低い能力しか育てることのできない、マスターできない方法を改めることなく、生徒の方に問題ありとしてきたのです。学習のさせ方が悪いのに、つまりは、自分たちの責任なのに生徒の責任にしてきて、自ら省みることがなかったのです。

能力がつかなかったのは、私たちの努力が足らなかったわけではなくて、低い能力しか育てることができないその教育方法にあった、このことに気づくべきだと思います。

低い能力の子どもを生み出し続ける教育とは

辞書や辞典や、コンピュータやテープレコーダーや計算機は、単に覚えるだけの、教育の非人間的な部分を減らしてきました。大学入試にも、英和辞典を持ち込みＯＫのところがあり、公認会計士のテストも、そろばん使用から電卓使用に替わったのはかなり昔です。

コンピュータ教育の進歩は、知識や情報をどのように集めるかに焦点が置かれ、知識や情報をどれだけ覚えているかは教育の眼目ではなくなってきています。

ところが現実には、知識や情報や計算を目的とした幼児教室や学習塾ばかりが目につきます。ここ10年ほどの子どもたちは、それ以前の子どもたちに比べると、学習塾に通う人数が驚くほど増えました。

計算だけできるようにする幼児や低学年の算数教室に中には、100万人の生徒数を誇っているところがあります。しかし、全体的には小学生の計算力や算数能力が向上しているどころか、低下しているのです。それは算数教室が増えたことが災いしているのです。その教え方に問題があるからでしょう。

高い能力とは、思考し、創造し、問題解決ができる能力です。知識や情報を駆使してそれを問題解決に役立てる、思考力、創造力が高い能力です。

知識や計算テクニックなどの低い能力ばかりの教育は、教育の意味を無意味にするのみか、低い能力を持った心と人生を送ることしかできない人間を生み出し続けるのです。高い能力を育てる幼児教育が絶対に必要です。

テストの点がよいと立派な人間？

今の大人たちにとっては、教育とは、イコール勉強でした。勉強は、「勉めて強いる」と書く通り、面白くもなく嫌なものであって、面白くないものや嫌なものに耐える精神修養にもなるのだ、などと考えさせられてきました。この苦し紛れの理屈のせいで、学生生活をなんと無意味なものにしてきたことでしょう。

また、「今のうちに苦しんでおけば、後で楽になるのだ」などとも教えられてきました。苦しんだ分だけ楽になるという論理は、苦しんだ人は立派であるという理屈にもすり替わりました。その結果、多くの自己中心性を人々の精神の中に塗り込めてきたのです。

「何か、変だなあ」と思いながらも、それが一種の人生哲学のように機能してしまったために、ほとんどの人間が勉強嫌いになり、勉強嫌いであることに後ろめたさと劣等感さえ抱いてきました。

逆に勉強ができること、つまりテストの点がよいことや受験学力が高いことが、人間の立派さの尺度になっていました。勉強ができるからといって、心の面でも善い人であるとは限らないのに、です。

勉強が面白くなく役に立たなかったのは、教育が教える側中心にしか考えられていなかったからです。教えられる個々の生徒の幸せを考えたことがなかったからです。生徒の意識や意欲について考えることなどなかったからです。

教育が教える側のためにあったということは、教師や国家のための教育であったということを意味します。ですから、何のために教育をするかという教育の哲学が排除されていたのです。考える人間をつくるよりも、国家に従順な臣民をつくるのが教育の目的だったからです。そして、教育ではなく、管理を行うことが教師の仕事だったからです。

教育を、教える側の教師や国家の手から、学ぶ側である生徒とその親の手に戻さなければなりません。教育は、生徒の学ぶ力の養成の中にあるのだという当たり前のことを、決して忘れてはならないのです。

「教える」ことが、天才脳を滅ぼしていく

教育とは学校教育のことであり、学校教育の方法、つまり、教える方法こそが教育であるという考えが一般的な中で、私は、「教えることによっては、教育の効果は上がらない」ということを言い続けています。

とりわけ幼児教育に、「教える」という教育方法を持ち込むことは、子どもの心を歪め、能力を低い状態に固定化してしまう危険性があると訴え続けています。

それは、教える人と教えられる人それぞれの心の状態が、次のようになってしまうからです。

まず、教える時の心の状態から考えてみましょう。子どもに対してでも、部下に対してでも、誰に対してでもよろしいのです。自分が教える時の精神状態を思い浮かべてみてください。教えている時、相手の覚えが悪い場合、いらいらし、腹が立ち、殴りつけたいと思ったことはありませんか。

それは、教える時のあなたの心が、あたかも君主や神のようになっているからです。君主は、自分で法律も正義も決めるわけですから、反省する必要がなく、乱暴で自己中心的です。神は全知全能なので、学ぶ力、注意力、思いやり、同情心などを必要としません。

教える時の私たちの心は、相手を思い通りにさせようという気持ちで一杯です。私たちの心は、自分がしようとしていることで一杯になり、相手の心を見なくなっているのです。相手に共感することも、相手から学ぶこともできなくなっているのです。

では今度は、教えられている時の精神状態を考えましょう。自分が相手の言う通りにできない場合、教えている相手の苛立ちが感じられ、相手のその意見や正しさを無理にでも理解させようという感情から威圧感を感じます。そのために反発心が芽生え、学ぼうとする意欲がなくなり、学ぶべき内容から心が離れていきます。

教えるという行為は、人間関係を悪化させ、教える側と教えられる側の両方の精神をいらいらさせ、学ぶ力を奪いとります。

教える方法での教育からは、創造力は生まれてきません。覚えられるのは、知識と技術だけです。これでは心の育成はできません。

高い能力が育てられない学校教育

学校では、全国に何十万人といる教師の中の、最も能力の低い教師にでも指導できる教育方法が採られています。そして、その能力の低い教師が、能力の低い生徒にも理解できる方法で、問題を解かせようとしているのです。

そうでないと、教師からも生徒からも「落ちこぼれ」が出てくるからです。すべての子どもが同じ程度に能力が低いことが、一種の安定を生んでいるのです。そのために、小2から小3の子どもたちのうちの多くが落ちこぼれであるという現状を作っているのです。

学校の授業を理解できない子は何をすればよいのでしょうか。

この現状は、高い能力を育成する教育を放棄したことを意味しています。つまり、高い能力作りを放棄した学校で採られている教育法が、知識を詰め込む方法、同じことをくり返して暗記させる方法、能力を育成できない方法なのです。

独創性や創造性といった高度な能力などは、能力の低い教師には育成もできませんし、チェックもできません。そのため、どのような能力の低い教師にもチェックできる方法、つまり、知識や技術の量をチェックし、それを能力の発達具合とすり替える方法・制度が採られているのです。

また、文科省がすべての教師を集めて研修を行っているということも聞きません。そうであるならば、今までどおりの知識や計算テクニックなど、辞書や辞典や計算機などでも獲得可能な低レベルのものを目的とした教育が、これからも行われていくのでしょう。そして、心と能力を育成しなかったことが、優しさも能力もない社会と人間を生み出し続けるのです。

第5章 Chapter 5

天才脳の子どもたちは思いやりを発揮する

小学校受験教育も、天才脳を作れない

以前、初めてピグマリオンの教室を東京で開校した時、東京には、本物の幼児教室がないことに驚かされました。あるのは、知識の先取り教室か、小学校受験教室ばかりでした。その傾向は、東京だけに限ったことではありません。

これまで、ピグマリオンの教室で小2程度以上の能力を育成中の年中児・年長児が、小学校受験教室に通い始めると、極端に能力を低下させるという事実をたくさん見てきました。

なぜそんなことになるのかは明らかです。受験に備えて数を数えたり、知識や解法テクニックを暗記したりという、低い能力の固定化に走り、高い能力の育成がおろそかになるからです。

高い認識能力を育てなくてはならない大切な時期に、図形的、空間的、数論理的に認識する能力の育成を怠った教育を受けた子どもたちは、たとえ、目的の学校に合格できたとしても、入学した後が大変なのです。

私は、有名小学校に入学することに反対しているのではありません。小学1年生になるためだけの、後のことを考えない合格のためだけの指導などあってはならないと思っているのです。

有名小学校に入る目的は何なのかを、あらためて考えなくてはなりません。

幼児教育とは、一生を通じて役に立つ基礎的な幾何学能力、数論理能力、思考力を育てる教育であり、年長児の時期にもなると、小2、3程度の数論理能力や小3~小6程度の幾何学能力の育成も可能になってきます。

合格だけを目的にすると性格の悪い子ができる

合格するために必要な知識と技術を教える小学校受験教室は、子どもにその習得を強制します。できないと、非難や批判や罰を与えがちになります。非難や批判を与えると、非難や批判をしやすい子どもができあがる可能性があります。

そんな子どもの心は、不安定で自信もないし余裕もないので、人を許すことができなくなります。優しさや愛が生まれることもありません。いわゆる「勉強はできるが、性格の悪い子」がどんどんできてしまうのです。

それでは教育基本法の目的である「人格の完成」からは遠ざかる一方です。そうなると、小学校受験教育は、小学校に入学して新しいステージに進むはずの、子どもたちの足を引っ張ることになります。

小学校受験教育など必要ないのです。また、あってはならないのです。子どもたちに高い知性と人間性があれば、どこの小学校も大歓迎です。小学校受験だけを目的とした教育は、不合格になったらたちどころに意味がなくなります。たとえ合格しても、低い能力が身についた状態が残ります。

高い知性と人間性を育てる教育は、万が一不合格になっても教育の目的を達成できますし、実際のところ不合格になることはごく稀なのです。

ところで、小学校受験教育をしている教室や幼稚園でよく耳にするのは、「模擬テストの成績がよくても不合格になる子どもが案外多いし、成績が悪くても合格する子どもも案外いる」というような言葉です。

まるで、不合格の原因が子どもと保護者の努力不足にあり、責任は教室にはないという台詞に受け取れます。私はこの言葉を聞くたびに呆れ果ててしまいます。

さらに驚かされるのは、公開テストや模擬テストを作った教室や指導者が、作ったテストの内容では能力を測ることができず、しかもそのことに気づいていないことです。能力を測る尺度になっていないテストを作っても疑問を感じないのは、能力とは何かを知らないからです。

テストの結果で能力を測ることができるのなら、よいテスト結果なら合格するはずです。反対に悪いテスト結果なら、それに対しての対策が講じられるはずです。

またテスト業者の中には、生徒獲得のために、小学校入試では出題されることがない問題を設けたり、必要以上に親に不安を煽ったりするところがあります。

そのような受験教室やテストの「洗礼」を受けた子どもたちは、高学年になった段階で、さまざまな壁にぶつかってしまうことが少なくありません。小学校受験教育が決して能力を伸ばさないものであることが、その時に判明したとしても遅いのです。

子どもたちの将来のため、広い視野で小学校入学を考えなくてはなりません。低い知性と低い人間性で育ってしまうと、合格もしにくいし入学後も苦労します。

子どもが自らの力で、高い能力を創造していくという過程がないカリキュラムでは、能力の育成など不可能です。

幼児期には計算能力だけを仕込む教育はしてはならない

1万までの数量を認識することも足し算引き算の暗算もできないのに、命数法も記数法も数処理法則もわかっていないのに、子どもたちに九九を教えるという幼稚園や幼児教室や学習塾があると聞きます。

このような方法や考え方の幼稚園と幼児教室や学習塾が、日本の小学校の算数教育の内容を2年分ほど減少させた原因の一つなのです。昔に比べると○○式や学習塾など、学校以外で学習する機会が驚くほど増えたにかかわらず、学力は低下の一途です。

指導内容が減少したのは生徒のせいではありません。教師が指導内容をマスターできないのが原因なのです。年々、生まれてくる子どもの能力が低下の一途を辿っているのではなく、教師の能力が低下しているのです。学習塾で育った世代が学校の教師になっていることに遠因・近因があるのかもしれません。

いつしか読み書き計算という手段が、目的の教育となってしまったのは、学習塾で育った世代が教師になることによって引き起こされているとしたら、大変な事態です。

幼児教室や幼稚園や学習塾で、テストの点数を取るためだけの暗記教育、このように暗記したら高い点が取れるとしか教えられない教育からは、創造力や問題解決能力などは決して育ちません。

特に幼児期には、数量感覚も育っていないのに、九九を暗記させるような教育をしてはなりません。低い能力を育てるからです。低い能力は、教育基本法の目的である「人格の完成」に対して何の役にも立たないだけでなく、邪魔以外の何物でもありません。

手で数えたり、ソロバンや筆算で、たし算・ひき算の答えを出したりすること、それは計算のテクニックです。また、百マス計算や同じ問題の繰り返しで答を暗記させる方法もあります。

これらによって、どのような能力が育つのでしょうか。このような方法で得た能力は、かけ算やわり算の理解を深めることに役立つのでしょうか。

数というものを理解し認識する能力、数を処理する能力、数というものの論理を理解する能力が、手で数えたり、「ドッツカード」で瞬時に数を言えたりする中に存在することなどありません。

ピグマリオンで思いやりのある子が育つ

他人の行いのミスや欠点はすぐにわかるのに、自分のすることについては何も見えなくなり、人を恨んだり他人の責任にしたりしてしまうということが少なくありません。自分の目は、内側を見るときは曇りがちになるのです。

目は二つしかありません。また感情によって、その目は曇ります。ですから自分を成長させるためには、他人の目を成長の糧とすべきであり、糧にしなければ成長はないのです。

謙虚で素直な心を持つことや、他人の無言の言動からも学べる高い感性も必要となってきます。高い感性と高い知性と素敵な人柄は、表裏一体の関係にあるのです。

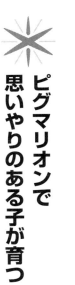

学ぶ心を持てば、自然界の木や石や風や水からさえ、学ぶことができます。学ぶ心は、観察する心を強化し、心の目で観る力を高めることになるでしょう。私たちは、いろいろなものから、いろいろなところで、学び続けることができます。

教育にできるのは、学ぶことのできる人間づくりであって、それが教育の目的なのです。

学ぶことは、一生行わねばならない精神生活です。虚心に学ぶという姿勢によって、相手との垣根がなくなり、深い理解が可能になるのです。だからこそ、相手を思いやれる状況を手に入れることができるのです。すなわち思いやりが発揮できるのです。

教える教育によって得られるものと、ピグマリオンのような学ぶ教育によって得られものとの距離は、これほど隔たっているのです。

本物の幼児教育はあらゆる能力を育成する

思考力が育成される教育は、一つの学びが他の学びとの関係の中で獲得されたり、他の学びの前提になったりする教育です。

ある女の子の話です。ピグマリオンに年少下で入会した頃は、お母さんの陰にすぐ隠れるような自信のない子どもでした。ところが、年中児になると、すでに小2～小４程度の能力を作りあげていました。

そしてこの子は４歳の時、カワイ音楽教室の年中児・年長児・小1の部のコンクールで、大阪府内で第1位になりました。このことをご両親は、「ピグマリオンが能力を育てたおかげだ」と言ってくださいました。

小学校受験教室に通っていても、こうした能力の開花は望めません。

一方、小学校受験教室の経営者や先生の中にはこんなことを言う方がいらっしゃいます。「伊藤先生の言うことはわかるが、親がどうしても、子どもを希望する小学校に入学させたいので、問題を暗記させたり覚えさせたり、数えさせたりしなければならないのだ」と。

本当は能力をつけてやりたいのだが時間がないし、能力がないのだから、合格点を取らせるために能力育てをしている時間がないというわけです。

こんな情けない言葉が出てくるのは、計算の答えを覚え込ませる百マス計算やソロバンや計算塾などが普及している日本人の民度の低さと無関係ではないでしょう。

小学校受験教室には、高い能力を育てるカリキュラムなど存在しません。したがって小学校受験教室で高い能力が育つことなどありえません。小学校受験に合格する子どもは、もともと合格する程度の能力が備わっているのです。

知性と人間性という高い能力を育てる目的をもつ幼児教育が、低い能力しか育てない手段の幼児教育に代わることがあってはなりません。それは幼児教育とは似て非なるものです。

高い能力を育てることだけが、本物の小学校受験対策です。高い能力が育っていれば、小1程度の内容しかない入試問題など簡単に解けるのですから。

本物の幼児教育とは、幼児期のためだけの教育ではありません。立派な社会人としての知性と心性を育み育てる教育です。

幼児期は脳が80％以上できあがる、知性と心性にとって最も大切な時期です。この時期に、子どもたちの中に、どのような能力を作りあげるか、そのことを真剣に考えなくてはならないと思います。

ですから幼児期という大切な時期に、小学校受験合格を目的とした教育などしてはならないのです。考えてもみてください。高い豊かな人間性（知性と心性）が育った子どもを合格させない小学校などあるはずはないでしょう。

ピグマリオン・メソッドで学んだ子どもたちが、小学校受験だけでなく、難関中学校にも驚くほど多数合格します。そのために誤解されている方もおられるようですが、ピグマリオン・メソッドは、有名小学校受験や難関中学校受験教育のための教育メソッドではありません。

高い社会性だけでなく、ピアノや絵画、サッカーの能力も伸ばすことができる、人間能力全般に関わる、能力作りの学育メソッドなのです。

巻末対談
P&Rで日本の教育が変わる

伊藤　恭×出口　汪

伊藤　恭

出口　汪

ピグマリオン学育研究所のピグマリオン・メソッドと、出《で》口《ぐち》汪《ひろし》先生が開発されたプログラムである「論理エンジン」とがコラボし、Ｐ＆Ｒという新しい教育プログラムがスタートしました。

これは、出口先生と私の考え方とが大きく共鳴し合った結果、新しい時代の新しい教育を打ち立てるために始めた画期的なプロジェクトです。Ｐ＆Ｒが、未来ある子どもたちにとって、どのようにすばらしい世界を開くのかについて、語り合いました。

出口汪先生の略歴

１９５５年東京生まれ。関西学院大学大学院文学研究科博士課程修了。広島女学院大学客員教授、論理文章能力検定理事、東進衛星予備校講師、出版社「水王舎」代表取締役。現代文講師として、予備校の大教室が満員となり、受験参考書がベストセラーになるほど圧倒的な支持を得ている。また「論理力」を養成する画期的なプログラム「論理エンジン」を開発、多くの学校に採用されている。著書に『出口汪の「最強！」の記憶術』『芥川・太宰に学ぶ 心をつかむ文章講座』『大人のための本当に役立つ小学生漢字』（以上、水王舎）、『東大現代文で思考力を鍛える』（大和書房）、『出口汪の「日本の名作」が面白いほどわかる』（講談社）、『論理思考力をきたえる「読む技術」』（日本経済新聞出版社）、『やりなおし高校国語・教科書で論理力・読解力を鍛える』（筑摩書房）など。小説に『水月』（講談社）がある

指導する学年を下げてきた訳

伊藤　出口先生は、以前、大学受験を控えた人たちの指導をしておられたんですよね。それから少しずつ指導する学年を下げてこられた。

出口　そうです。なぜ大学受験から下してきたのかというと、一つには大学受験という枠にとらわれるということが窮屈になってきたからです。しかも、論理的に考える力をほとんど鍛えていない高校生が多くて、そういう人たちがいきなり高3になって、あるいは浪人をした段階で、論理的に読んで考えて解きなさいといっても、それでうまくいく子はいいけれども、混乱してしまって、結局は試験に間に合わないという子がたくさん出てきたんです。そういう高校生や浪人生に、今までとは違う言葉の使い方を教えようと思っても無理がありました。

そこで、子どもが言語を完全に獲得する前に、最初から真っ白なところに、新しい建物を建てた方がよりスムーズに行くのじゃないのか、受験という制約がない分、誰でも確実に習得できるのでないかと考えて、高校、中学と学年を下げてきました。

そして、小学生用の教材にも着手して随分と作ってきました。でも迷いはありました。やはりある程度日本語を使いこなせていない小学校低学年や幼児は、論理的というのはまだ無理じゃないかと思っていたんです。でも、実はやってみたらそうではありませんでした。まだ脳に書き込まれていない真っ白な状態の段階で、本当に大切なものをきちんとした順番で与えていった方が、子どもたちも知的好奇心が旺盛なので、どんどん吸収するし、何の抵抗もなくて、論理的に言葉を使うことができるようになるということがわかってきたのです。

伊藤　学年を下げていかれた結果、子どもの脳の柔軟性を再発見されたのですね。

出口　そうなんです。そういう状況の中で、たまたま伊藤先生と出会う機会がありました。私は算数に関しては専門外でしたが、伊藤先生とお話してみますと、ほとんど自分と同じ考え方をされている。しかも、それを実践して成功されている方がいるんだなと思ってうれしくなりました。特に伊藤先生の考え方と同じだなと思いましたのは、勉強というのは遊びなんだと、おもしろくて仕方がないから子どもたちがもっとやりたがるというのが勉強である、という点です。実は私も同じことを、予備校で教えている時代からずっと言ってきたんです。

伊藤　その点は、出口先生のほうが私よりも「先達」かもしれませんね（笑）。

出口　教えるというのは、子どもたちに勉強の楽しさを教えることであり、そのためには子ども自身にある程度力がないとダメだと思います。そういった意味で、幼児のうちに勉強を楽しめるような子どもを作りあげるんだという思いのもとに、伊藤先生がやってこられたんだと思いました。

その点がすごいと思いました。

伊藤　100パーセント出口先生と同じ考えです。今までいろんな人とつき合ってきましたが、つき合うためには、心情的に大なり小なり無理があるんです。譲歩したり疲れたりするんですけど、ありがたいことに出口先生とは一致点ばかりなので、全然疲れなくて。それがまずうれしいところです。

子どもたちをダメにしてしまう古い教育

出口　ありがとうございます。

それから、これからの教育についてですけれど、今の幼児や小学生が、成長して社会に出て活躍する頃にどんな世の中になってるのか、そういったことを想像しないと、僕は教えてはいけないのじゃないかなと思っているんです。というのは、自分も含めて今の保護者も先生も、古い教育にどっぷりと漬かっていた人間であって、その価値観とかその教育の仕方で子どもたちを教えたら、子どもたちをかえってダメにしてしまうと。進学塾でも古い教育を未だに押しつけている。僕は予備校時代からまったく逆のことを言ってきました。

新しい教育を子どもたちにやろうと思った時、実は一番大きな障害になるのは、子どもたちの親なんです。親と先生がそれを潰していく。ですから、ピグマリオンの教室の話を聞いた時に、「ああ、僕がやりたかったことはこれなんだな」と実感しました。ピグマリオン学育研究所では、先生が新しいプログラム、新しい教材で子どもたちに働きかける、しかも親子一緒にです。そのことによって、先生自身も親も、子どもも、三者が同時に変わっていく。そのどれか一つが欠けても成り立たない。そういった意味でも同じ考えを実践されている方がいらっしゃるんだなと思いました。

親と子、先生が楽しみながら学ぶ

伊藤　出口先生と私たちピグマリオンとの共通点は、Ｐ＆Ｒでも基本方針になっています。つまりＰ＆Ｒでも、親子で新しいものを学んでいくことになります。出口先生がおっしゃるように、せっかく子どもが新しい教育を受け入れても、古い教育のやり方や成果にどっぷりと漬かった親がそれをダメにする可能性があるからです。

また自宅学習においても、親が新しい教育を理解していなければ、子どもたちを正しく指導することはできません。子どもと親、そして先生が同時に楽しみながら学ぶのが、Ｐ＆Ｒの教育なんです。

教室で新しい教育を学びますが、それを完全に習得する場は家庭をおいて他にはありません。教室では週に60分ほどの学習であり、家庭学習の時間の方が圧倒的に多いからです。

親も子どもも共に新しい時代を生きるスキルを習得するのです。教室で論理力を養成する方法を学んだ後、ぜひ家庭で宿題プリントを親子で楽しんでほしいと思います。そうすれば、親も自分自身のものの考え方が変化していることに気づくことになる、出口先生、そうですよね。

出口 はい。私が提唱してきた「論理エンジン」の、論理というのは、物事の筋道ですけれども、それを運用する時は、言葉を一定の規則に従って使っていかないとダメなのです。幼児期から小学校は言葉を取得する時期、そういう意味では算数も僕は言葉だと思うんですよね。その言葉を使ってものを想像したり考えたりとか。

幼児に対して、ただ言葉を教えるのではなくて、言葉にも論理が入っている。それを教えるというよりも、子どもたちに言葉の使い方を身につけさせるというやり方をやっていくんです。

私は、論理には二つの役割があると思っています。一つは伝える役割。

論理を身につけていれば、他者に対して、しっかりと筋道を立てて伝えることができる。P&Rで保護者が一緒に学ぶというのは、そうした意図も働いているんです。親と子がお互いに論理を使って伝え合う、相互確認ができる。そうすると、やがて子どもが大きくなっても何でも親にきちんと説明ができるんです。

むしろ、論理を一番必要としているのは、本当は親だと思います。これから新しい時代を生きていこうと思ったら、やはり言語を論理的に使える力が必要です。第一、もし子どもだけが論理力を身につけてしまったら、子どもは親をバカにする可能性があります。

そして、論理のもう一つの役割は、情報を整理することです。例をあげましょうか。たとえば昔、どこかで人間は「男」という言葉を初めて使いました。それは、「男」というものを初めて知ったからではないんです。太郎君、次郎君、三郎君などがいて、それぞれみんな異なる人間なんです。ところが、その共通点を抜き取ると、「男」という言葉ができたんです。これは、太郎君、次郎君、三郎君という具体的な存在を抽象化して整理したわけです。いわば、男という言葉自体がすでに論理なんです。男という言葉があるのは、当然女を意識しているからです。そうでないと、人間という言葉だけで事足りてしまいます。男と女という、一種の対立関係が言葉によって表されます。これも論理の基本です。

このように、言葉の一つひとつに備わっている論理や論理的に考える習慣を、言葉を覚えると同時に身につけさせることができるんですよ。

飛躍的な伸び方をする

出口　P＆Rでは「論理トーク」といって、習得した論理力を日常の会話で使って意識させたり、親子で書いて、お互いに論理的にやりとりをする

「お約束ノート」を作成したりします。

このように論理というのが日常生活の中で使っているものだということを理解しながら、身につけることによって、頭の中が整理できる、情報を整理するから考えることができる、それを使うことができる、話し方が変わる、文章の書き方が変わる、読解力が変わる、整理できているから記憶することができるのです。

子どもの脳が幼いうちからにそういったことを自然にやっていくと、子どもは教えなくても論理的に物事を考え、記憶し、使い、体系づけて物事を整理して学習するようになります。論理的に話すことができ、論理的な文章を書くことができるようにもなります。

P&Rでは、それを国語という科目と、算数という科目で、同時にやっていくわけです。P&Rで学んだ子どもたちが、これからどんな伸び方をするか、たぶん想像もできないほど飛躍的な伸び方をすると思いますよ。

伊藤　それと、P&Rとして一緒にやると、子どもたち自身がものすごく楽だなあと思います。こっち（P）で学んだことがこっち（R）で使えるというふうな関係でもあるのでね。それに、将来、物理や科学系、コンピュータが得意とする分野も、時期がくればP＆Rに入れるといいと思いますが、PとRの二つで完璧かもしれません。

P＆Rは、算数と国語、この二つの論理的言語の習得により子どもたちの能力を開発し、学力を飛躍的に伸ばすという、他では類を見ない最新の幼児教室ですが、二つの論理的言語について、少し教えていただけますでしょうか。

コンピュータを使いこなす側に立つ

出口　はい。そもそも記憶と計算は、コンピュータが最も得意とするところですよね。どれほど頭がよくて、どんなに努力をしようとも、人間が記憶と計算という作業において、コンピュータに勝つことはできません。ところが、言語を使いこなすということにおいては、人間はコンピュータには優っています。むしろそれが人間の人間たる所以だとも言えます。

私たちが普段使っている言語を自然発生的に生まれた自然言語と言います。

その自然言語の特徴は、曖昧であるということです。一つの言葉の意味が時と場合に応じてさまざまに変化します。たとえば、「涙」という言葉、それはある時は眼球を保護し目に入る異物を外部に排出するための液体を意味します。ある時は感極まって目からあふれ出る液体を意味します。またある時は、悲しい気持ちや敗北感を比ゆ的に表現するために使われます。「雀の涙」という言葉がありますが、ここではほんのわずかという意味を表します。このように、意味が千変万化する例は、それこそ言葉の数だけあるのです。

国語という分野に対して、何となく曖昧な印象を抱く人が多いと思いますが、それはほとんどこのような自然言語の曖昧さに起因するのです。でも、一つの言葉がさまざまな意味に変化するというその曖昧さのおかげで、私たちは限られた言語で、ありとあらゆることを表現できるのです。

しかしながら、それでは困る世界が一方にはあります。たとえば、1＋1＝2で、＋や＝の意味が時と場合に応じて様々に変化すれば、計算ができなくなってしまいます。そこで作られたのが算数、数学の言葉です。そこでは曖昧性が徹底的に排除されています。そうした言語の処理能力を高めることで、やがてコンピュータ言語を使いこなす能力につながります。医学用語や法律用語などの専門用語も曖昧性を排除している点ではコンピュータ言語に似ています。

たとえば、法律の専門家とは能力的には何ら問題なく法律用語でものを考え、法律用語で書かれた文章を理解し、法律用語で文章を書き、法律に立脚した助言ができる人のことです。法律用語を使いこなしているのです。

このことをコンピュータと人間との関係に当てはめれば、私たちはコンピュータを使いこなす側に立たなければなりませんし、立てるはずなのです。コンピュータに指示や命令をする手段がコンピュータ言語であり、コンピュータを使いこなすためには、コンピュータ言語という人工言語の処理能力を子どものうちから鍛えておくのがベストなのです。

伊藤　なるほど。Ｐ＆Ｒは、算数と国語という二つの言語を中心に、やがて自然言語と人工言語を完全に使いこなす、そういった流れで、その算数の言語の延長線上で、理科の教育とか、あるいはコンピュータ言語やプログラミングも徐々にやっていくということですね。

プログラミングの教育に意味がないんじゃなくて、まずは二つの言語を使いこなして、その延長線上にプログラミングとかがあるのであって、それだけポンと取り出したって、まったく意味のないことになってしまいますからね。

出口　ピグマリオン学育研究所では、未就学児の段階から教室に通ってもらうことを大きな前提にされてきました。P＆Rでもその点はまったく変わりはありませんが、伊藤先生から保護者の方々に伝えたいことはありますでしょうか。

早いときから刺激を与える

伊藤　ピグマリオン学育研究所では指先能力、図形空間能力、数論理能力という流れで子どもたちに刺激を与えるようにしてきています。これはP＆Rでも同じです。週に二回、子どもたちが教室に通います。そしてある曜日はピグマリオン、ある曜日は論理エンジンという具合に授業をします。ただし、その際の先生はどの曜日も同じ先生です。親も子どもさんと一緒に先生の前に座ります。60分の授業がすべてなのではなく、家庭もその延長になると思います。生活に立脚したことを学ばせ、現実をいかに理解させるか、それがP&Rでも大きなポイントです。そのように入っていく過程で、論理を小さい時から身につけたらいいわけです。

保護者の中には、「うちはまだ早いです」とおっしゃる方がいます。その気持ちはわからないことはありませんが、私は敢えてそこに異を唱えています。なぜなら、早い時から刺激を与えておかないといけないと思うからです。人間は、与えられた環境に最大適応しようとするものですから、素材の数が乏しかったり環境自体が劣悪だったりしたら、子どもはその貧弱さや劣悪さに最大適応して終わってしまうのです。ですから、適応する素材は、ふんだんに与えておいてほしいわけです。

保護者が勝手に「早いから無理です」とは考えないでほしい。子どもには、素敵な環境を与えてやる方がいいのです。その環境を受け入れるかどうかは子ども本人の問題です。子どもの目の前にある選択肢の中に、選べるものがなかったらダメなんです。だから必要なものを全部入れておいたらいいんですよ。

出口　同感ですね。伊藤先生の方のピグマリオンについては、この本の本文に詳しい説明がありますので、ここで、Ｐ＆Ｒでは、具体的に子どもたちのどのような力を伸ばすのか、特に論理エンジンについて、確認の意味も含めてお話しておきたいと思います。子どもたちが獲得するのは、主に四つの力です。

まず、言葉の力です。

漢字だけでなく、語彙力、文法力、思考力、作文力を鍛えます。さまざまな独自プリントで、楽しみながら、自然と幅広い言葉の力を養成していきます。さらには日本語の規則に従って言葉を扱っていく能力を養成します。まさに生きた文法力を鍛えるのです。

次に、論理の力です。

文章を論理的に読み、論理的に書く力を養成。すべての学力の土台となる言語処理能力を鍛えます。論理力はコンピュータに例えれば、OS、つまりコンピュータの動作システムに当たるものです。アプリケーションが次第に高度な仕事をするようになると、OSを強化しない限り、コンピュータはフリーズしてしまいます。そこで、頭脳OS、つまり論理力を強化することによって、どのような高度な学習も容易になります。

そして、三つめは実践的な力です。

プリントによる論理的な読解力、思考力を養成するだけではなく、論理的に話す力、論理的に書く力などをさまざまな方法で養成します。これからの入試問題で必須となる記述式問題に対応し、小論文や集団討論、ディベートにも対応できる、真の学力を養成していきます。

さらに、四番目は読書の力です。

毎回、子どもたちにどうしても読んでほしい文章をオリジナルプリントとして提供します。このプリントは単に物語などが掲載されているだけではなく、私たちの独自の設問をつけることによって、子どもたちがテキストを正確に、深く読むことができるようになります。文学とは精神の栄養です。子どもの頃から栄養価の高い「食べ物」を選んで摂取していると、豊かな精神を持つ子どもに成長します。

またその手法としては、単なるプリント学習ではなく、論理トークやお約束ノートなどさまざまな教具を使ったゲームの中で楽しみながら論理を習得していきます。今、流行のアクティブラーニングですね。

伊藤 何だかわくわくしますね。ピグマリオン学育研究所のやり方と論理エンジンとが合わさることによって、相互補完的な役わりを果たしながら、まったく新しい教育が始まるわけです。

出口 将来、Ｐ＆Ｒが本当に日本の教育を変える可能性があるんじゃないかと思います。

伊藤 いえいえ、確実に日本の教育が変わりますよ。子どもたちと親が変わっていく。できるだけ多くの子どもさんに、Ｐ＆Ｒで、ピグマリオンと論理エンジンの両方を学んでほしいですね。

出口　そうですね。同感です。

伊藤　出口先生、これからもよろしくお願いします。

出口　こちらこそ、よろしくお願いします。

あとがき ～私が目指す幼児教育とは～

ピグマリオン学育研究所は、最終的な目標として、教育基本法と同じように「人格の完成」を目指しています。

幼児期に心と能力を同時に育て、社会に出た時にその秀でた能力を世の中や人のために生かしてほしい、そうした願いのもとにピグマリオン教室を運営しています。

その過程では、生徒は有名小学校の合格を目指すことになるでしょうし、教室も一つの指標として、合格者数を公開することもあるでしょう。しかし、それはピグマリオン学育の最終目標ではありません。

「人格の完成」という目標は数値で表すことはできません。だからと言って、合格者数だけしか語らない教室であってはいけないのです。有名小学校への進学の目的化は、幼児教育の本質からはかけ離れているからです。

有名小学校への合格だけを目的にしている教室では、子どもを叱りつけたり、強制させたりという、もはや教育とは呼べないような指導をするところもあるそうです。これでは学ぶことが苦痛になってしまいます。

他にも、最近の教室の中には、幼児教育のノウハウを寄せ集めただけにしか見えないところもあります。そのような教室が教育の目的を語っても、何の説得力もありません。

やはり、教育によって人格の完成を目指し、世の中に貢献できる人間を目指すべきです。ピグマリオンは、この目的のために子どもたちを育てていきたいと考えています。

ところで、私たちの住む世界は、地球の表面です。地球は宇宙の一部ですから、私たちの住む世界を、宇宙という言葉で表わしてもいいでしょう。宇宙とは、言い換えれば空間と時間のことです。

この空間は、三次元という概念で捉えられます。これは概念ですから、量や数の概念と同様に、自然界に存在するものではなく、人間が自然を捉えるために便宜的に作られた枠組みです。ですから、この概念は学習しないと理解できません。言い換えれば、それは私たちが後天的に作りあげるものなのです。

しかし、誰もが同じような空間の捉え方をしているということはありません。100人いれば100通りの空間概念があるのです。

つまり人は、それぞれが違うように現実を捉えているということに他なりません。

人間は、孤立して生きていくことは不可能です。大なり小なり連帯をして、共生していく必要があります。そのためには、すべての人間が生きているこの空間を、できるだけ客観的に捉えることが必要です。そして、そのように現実をつかみとる能力が必要になります。

その能力とは、自分の位置や立場だけではなく、さまざまな位置や立場から物事を考えられるようになる力のことです。この力は、思考力や創造力を育てる源になるばかりでなく、人としての思いやりや優しさを生む源でもあるのです。

私たちは、まさに自分の人生から、自分の世界観・人生観・価値観を創造するのです。だから、より高いレベルでの学びを生かすには、歴史的にものを見たり、社会という人間関係の集積からものを見たりするのがよいでしょう。高い学びによって、深い感動を呼び、生きる喜びがたくさん味わえるのです。

そのような思いを託して、私は以前、『喜びの花が咲き乱れるように』という歌の作詞をいたしました。

最後にその歌詞を紹介して、本書の締めくくりとしたいと思います。

伊藤　恭

2018年5月

喜びの花が咲き乱れるように
（1）

あなたは　ひとりでは、生きていけない。
あなたは　ひとりで、生きてはならない。
あなたと人とが、優しさでつながって、喜びの花を咲かせたならば
今までにない能力《ちから》が、あなたに生まれることだろう。
優しさを、分けてあげよう。他人《ひと》を幸せにしてあげよう。
他人を幸せにしたら、あなたの心に誇りが生まれるだろう。
その誇りは、あなたを強く美しくする糧となり
あなたの心を輝かせるだろう。あなたの心は磨かれるだろう。
優しさが、あなたの人生を変えるだろう。
優しさをつなごう。優しさの輪を世界中にひろげよう。
あなたから始めよう、優しさの連鎖《つながり》。
優しさが世界を輝かせて、喜びの花が咲き乱れるように。

（2）

あなたは　あなただけの　あなたではない。
あなたは　多くの人に　つながっている。
あなたと人とが、思いやりでつながって、心を一つに合わせたならば
今までにない喜びが、あなたを強く包むことだろう。
思いやりを分けてあげよう。他人《ひと》を幸せにしてあげよう。
他人を幸せにしたら、あなたの心に誇りが生まれるだろう。
その誇りは、あなたを強く美しくする糧となり
あなたの心を輝かせるだろう。あなたの心は磨かれるだろう。
思いやりが、あなたの人生を変えるだろう。
思いやりをつなごう。思いやりの輪を世界中にひろげよう。
あなたから始めよう、思いやりの連鎖《つながり》。
思いやりが世界を輝かせて、喜びの花が咲き乱れるように。

作詞　伊藤　恭

ピグマリオン幼児教室一覧

●関西地方

ピグマリオン大阪本部　江坂教室
ピグマリオン大阪本部　上本町教室
ピグマリオン大阪本部　谷町九丁目教室
ピグマリオン大阪本部　千里中央教室
ピグマリオン大阪本部　豊中教室
ピグマリオン西宮本部　苦楽園教室
ピグマリオン西宮本部　岡本教室
ピグマリオン神戸本部　三宮教室
ピグマリオン神戸本部　六甲教室
ピグマリオン京都本部　京都教室

●中部地方

ピグマリオン名古屋本部　名駅前教室

ピグマリオン名古屋本部　千種教室

ピグマリオン名古屋本部　江南教室

ピグマリオン岐阜本部　岐阜教室

●関東地方

ピグマリオン東京本部　四ツ谷教室

ピグマリオン東京本部　新宿代々木教室

ピグマリオン東京本部　田園調布教室

ピグマリオン東京本部　品川教室

ピグマリオン東京本部　御茶ノ水教室

ピグマリオン東京本部　南麻布教室

ピグマリオン埼玉本部　浦和教室

ピグマリオン栃木本部　宇都宮教室
ピグマリオン栃木本部　自治医大駅前教室
ピグマリオン横浜本部　青葉台教室
ピグマリオン横浜本部　横浜駅前教室
ピグマリオン横浜本部　田園都市教室
ピグマリオン千葉本部　柏教室

●東北地方
ピグマリオン福島本部　福島教室
ピグマリオン仙台本部　仙台教室

●海外
ピグマリオン香港本部　香港教室
ピグマリオン台湾本部　天母教室

ピグマリオン台湾本部　大安教室

ピグマリオン英国本部　タンブリッジウェルズ教室

※住所などはピグマリオン学育研究所ホームページ「教室検索」をご覧ください。

http://www.pygmalion.co.jp/pygma/search.html

伊藤　恭（いとうきょう）

幼児教育家。「ピグマリオン学育メソッド」開発者。

灘中学合格日本一の浜学園・幼児教育部門「はまキッズ」顧問。社団法人フューチャーデザインと創造的教育協会理事長。

岐阜県生まれ。1990年ピグマリオン学育研究所を創立。

心と能力を同時に育てる独自のピグマリオンメソッドを構築し、幼児から小学校低学年教育に驚異的な成果をあげている。

http://www.pygmalion.co.jp

天才脳の作り方
2018年7月25日　第一刷発行
著者　伊藤　恭
発行人　出口　汪
発行所　株式会社水王舎
東京都新宿区西新宿6-15-1
ラ・トゥール新宿511　〒160-0023
電話　03-5909-8920
印刷　信毎書籍印刷
カバー印刷　歩プロセス
製本　ナショナル製本
装丁　冨澤　崇
構成　原　功
編集協力　中村　実（編集企画CAT）
編集総括　瀬戸起彦（水王舎）

ISBN 978-4-86470-102-0